# 일본식 가정 요리

**일본식 가정 요리**

지은이 백성진
펴낸이 임상진
펴낸곳 (주)넥서스

초판 1쇄 발행 2014년 11월 5일
초판 2쇄 발행 2014년 11월 10일

2판 1쇄 인쇄 2016년 11월 25일
2판 1쇄 발행 2016년 12월 5일

출판신고 1992년 4월 3일 제311-2002-2호
10880 경기도 파주시 지목로 5
Tel (02)330-5500  Fax (02)330-5555
ISBN 979-11-5752-967-4  13590

출판사의 허락 없이 내용의 일부를
인용하거나 발췌하는 것을 금합니다.

가격은 뒤표지에 있습니다.
잘못 만들어진 책은 구입처에서 바꾸어 드립니다.

*이 책은 『싱글 식탁』의 개정판입니다.

www.nexusbook.com

넥서스BOOKS는 넥서스의 실용 브랜드입니다.

나.혼.자. 뚝.딱

# 일본식 가정 요리

구츠구츠 백성진 지음

넥서스BOOKS

PROLOGUE

싱글이신가요?
혼자 산다고 편의점만 찾아다니거나 인스턴트식품으로
식사를 대충 해결하지는 않으시겠죠.
요즘 싱글족은 한 끼를 먹어도
몸에 좋은 신선한 재료로 맛있는 음식을 만들어
남부럽지 않게 멋지게 차려 먹는 것 같아요.
그래서 싱글들에게 소박하고 정갈한 일본식 가정 요리가 인기죠.

이제 시작하세요.
집밥에 처음 도전한다면 장을 보고 재료를 손질하고 요리하는
모든 과정이 고난의 연속일지도 모르겠네요.
그러나 조금만 시간을 들이고, 부지런을 떤다면
내 몸이 좋아하는 건강한 음식이
내 손에서 탄생하는 기쁨을 만끽할 수 있을 거예요.

요즘에는 식료품 업계도 1인 가구 맞춤 재료를 선보이고 있어서
소량 판매하는 식재료, 싱글 맞춤 조리 도구 등은
얼마든지 구입할 수 있어요.
그런 재료를 가지고 이 책에 실린 요리 가이드로
쉽게 집밥을 만들어 먹을 수 있습니다.

내가 좋아하는 재료, 내가 좋아하는 레시피로
직접 만드는 나만을 위한 식사.
나를 위한 요리를 행복하게 만들 수 있는 사람만이
나중에 싱글에서 벗어났을 때
또 다른 누군가를 위한 요리도 맛있게 만들 수 있습니다.
지금의 저처럼 말예요.
그 전까지는 혼자만의 식사를 오롯이 즐겨 보세요.
나중에 이 시간이 그리울 날이 올지도 모르니까요.

우리 몸에 꼭 필요한

영양소

## 우리 몸에 꼭 필요한 영양소

영양 균형까지 신경 쓸 겨를이 없는 싱글의 식탁.

그러나 한 끼 식사에 필요한 3대 영양소는 권장량대로

섭취해야 나이 들어서 고생하지 않습니다.

간단히 먹더라도 영양분을 골고루 섭취할 수 있도록

우리 몸에 꼭 필요한 영양소를 잘 숙지하세요.

뇌를 움직이는 중요한 에너지원인 탄수화물도
다양한 재료에서 섭취할 수 있습니다.

## 탄수화물

### 밥
정제된 쌀로 지은 백미가 기본이지만 좀 더 많은 영양소를 얻고 싶다면 현미나 발아 현미 등을 함께 넣으세요. 현미는 식이 섬유와 비타민 E가 풍부하고 당뇨병과 고혈압 예방에도 도움이 됩니다.

### 빵
빵으로 끼니를 해결하는 싱글들이 많은데요. 빵만 먹으면 영양소가 부족하니, 꼭 먹어야 한다면 방부제나 첨가제가 많이 들어간 공산품 빵보다는 당일 만들어 당일 소비하는 베이커리에서 구입하는 것이 좋습니다. 양질의 밀가루에는 식이 섬유와 비타민 $B_1$ 등이 함유되어 있어요.

### 면
조리가 간단하고 부담 없이 먹을 수 있어서 많은 싱글이 면을 즐겨 먹습니다. 화학조미료가 잔뜩 들어간 시판용 인스턴트 라면만 먹지 말고 각종 야채나 고기 등을 넣은 건강한 면 요리를 즐겨 보세요.

단백질

탄수화물과 함께 중요한 에너지원인 단백질은 몸을 구성하는 근육, 장기, 혈액 등을 만들어 줍니다.
식탁의 메인 반찬은 단백질로 정하여 동물성 단백질인 육류, 어패류와
식물성 단백질인 두부나 대두 등을 사용하여 적절한 영양분을 섭취하세요.

우리 몸에 꼭 필요한 영양소

### 육류, 알류
양질의 단백질은 몸을 구성하는 기본이 되기 때문에 반드시 섭취해야 해요. 육류와 알류에는 동물성 단백질이 많이 함유되어 있습니다.

### 어패류
어패류에는 각종 호르몬 생성에 필요한 오메가와 지방산이 풍부하지만 조리가 어렵다고 느끼는 싱글들이 많은데요. 요즘에는 간편하게 손질 된 어패류도 판매하기 때문에 크게 부담을 느낄 필요는 없어요.

### 대두류
대두는 많은 영양소를 함유하고 있어서 매일 섭취해도 좋은 식품입니다. 대표적인 식품으로는 두부와 두유, 된장 등이 있어요.

비타민과 미네랄이 함유된 식품만 잘 챙겨 먹어도
요즘 유행하는 에너지 드링크를 구입해서 마실 필요가 없겠지요.

비타민&미네랄

우리 몸에 꼭 필요한 영양소

담색 야채   비타민 C와 식이 섬유가 풍부한 담색 야채는 몸의 산화 작용을 막아 주는 역할을 합니다. 파, 마늘, 생강 등의 향신 야채는 몸을 따뜻하게 하고 비타민 $B_1$의 흡수를 돕습니다. 담색 야채로는 양배추, 오이, 숙주, 샐러리 등이 있어요.

녹황색 야채   카로틴, 비타민 C, 식이 섬유가 풍부한 녹황색 야채 역시 몸의 산화를 막고 시력에 도움을 줍니다. 피부 미용과 피로 해소에도 좋아요.

감자류   간식이나 식사 대용으로도 먹는 감자류는 '밭에서 나는 사과'라는 별명이 있을 정도로 비타민이 풍부해요. 특히 고구마는 식이 섬유가 풍부하여 변비에도 도움을 줍니다.

### 버섯류

버섯에는 식이 섬유는 물론, 뼈를 튼튼하게 해 주는 비타민D가 들어 있어요. 말리지 않은 버섯보다 말린 버섯이 더욱 많은 영양소를 함유하고 있습니다.

우리 몸에 꼭 필요한 영양소

**해초류**

김이나 미역 등의 해초류는 미네랄이 풍부하여 건강에 좋습니다. 특히 저칼로리라 다이어트에 관심 많은 싱글에게 중요한 식재료입니다.

# 구츠구츠의 쿠킹 가이드

## 1. 재료 손질법
음식에 따라 재료를 다듬는 손질법이 달라집니다.
자주 사용하는 몇 가지 손질법만 익혀 두어도 요리가 훨씬 쉬워집니다.

**채썰기**
재료를 얇게 편으로 썬 후, 0.1cm 정도로 균일하게 채를 써는 방법입니다. 두께는 요리에 따라 조절할 수 있습니다.

**돌려깎기**
주로 오이나 무 손질에 많이 사용하는데, 야채의 중심에 씨나 심이 있으면 껍질을 제외하고 속살만 얇게 돌려 깎아서 가늘게 채썰어 사용합니다.

**어슷썰기**
재료 그대로 모양을 살려 어슷하게 써는 것으로 생선 조림을 할 때 주로 사용합니다. 두께는 요리에 따라 조절할 수 있습니다.

**마구썰기**
보통 조림에 들어가는 야채들을 써는 방법입니다. 재료를 360도 돌려가며 가장 튀어나온 부분을 균일한 크기로 잘라 줍니다.

**반달썰기**
둥근 재료를 반으로 나누어서 원하는 두께로 썰어 반달 모양을 만드는 방법입니다.

**은행잎 썰기**
반달 모양으로 자른 재료를 한 번 더 반으로 잘라 원형의 식재료를 사등분하는 것으로, 주로 국에 들어가는 재료를 자를 때 사용합니다.

구츠구츠의 쿠킹 가이드

### 저미기
재료를 어슷하고 얇게 써는 것을 말하는데 야채보다는 생선회나 포를 뜰 때 사용합니다.

### 다지기
다지기 전에 재료를 얇게 채 썰면 다지기가 좀 더 쉬워집니다.

### 편 썰기
재료를 얇고 넓적하게 자르는 것으로 마늘이나 생강, 밤 등 작은 재료를 편으로 썰어 사용합니다.

### 깍둑썰기
정사각형 모양의 주사위처럼 동일한 크기로 자르는 썰기 방법입니다.

### 송송 썰기
가느다란 재료를 가로로 작게 자르는 것으로 파나 고추 등을 자를 때 사용합니다.

### 깎아 썰기
우엉 등의 단단한 뿌리채소를 연필을 돌려 깎듯이 깎는 방법으로, 가늘게 채를 써는 것보다 얇게 썰 수 있습니다.

## 2. 기본 계량법

이 책에서는 계량스푼, 계량컵, 저울을 이용한 계량법을 기본으로 합니다. 눈대중과 손대중으로는 초보자들에게 확실한 맛을 전달할 수 없기 때문에 요리에 어느 정도 숙달할 때까지는 계량 도구를 사용하는 것이 좋습니다. 계량스푼을 사용할 때는 반드시 깎아서 계량하고, 계량컵은 눈금을 확실히 지켜야 합니다. 재료에 따라 무게는 다르기 때문에 재료별로 무게를 알아 두면 더욱 정확하게 계량할 수 있습니다. 1큰술, 1작은술로 계량했을 때 재료에 따른 중량을 알아 두세요.

구츠구츠의 쿠킹 가이드

### 1큰술 = 15ml 분량

1큰술 중량이
18g인 재료 : 소금, 간장, 미림, 미소
15g인 재료 : 물, 식초, 술
12g인 재료 : 식용유, 참기름, 마요네즈, 버터
9g인 재료 : 설탕, 전분, 밀가루
3g인 재료 : 빵가루

### 1작은술 = 5ml 분량

1작은술 중량이
6g인 재료 : 소금, 간장, 미림, 미소
5g인 재료 : 물, 식초, 술
4g인 재료 : 식용유, 참기름, 마요네즈, 버터
3g인 재료 : 설탕, 전분, 밀가루
1g인 재료 : 빵가루

### 1컵 = 200cc

1컵 중량이
100g인 재료 : 설탕, 전분, 밀가루

## 3. 일반 조리 도구

어떤 도구를 사용하는지에 따라 요리의 성패가 달라집니다. 코팅 잘 된 프라이팬이 요리 초보자에게 매끈한 달걀말이를, 날이 잘 선 칼이 김밥의 매끈한 단면을 선사하기 때문입니다. 요리할 때 꼭 필요한 조리 도구를 소개하니 꼭 구비하세요.

**도마**

나무보다는 플라스틱 질이 위생 면에서 좋습니다. 소독을 해도 잡균 번식이 쉽기 때문에 고기·생선용, 야채·과일용을 따로 준비하는 것이 좋습니다.

**칼**

본인 손에 가장 편한 칼이 좋아요. 비싼 칼은 관리가 중요해서 정기적으로 칼을 갈아야 하는데, 전문 업체에 맡기거나 가격이 저렴한 칼을 구매해서 주기적으로 새것으로 교체하며 사용하세요.

**필러**

야채나 과일 껍질을 벗길 때 사용합니다. 날이 날카롭고 손을 베일 위험이 크므로 안전하게 사용하세요.

**주방 가위**

칼로 자르기 힘든 생선이나 고기의 절단 등에 사용합니다. 녹이 슬기 쉬우므로 반드시 가위를 벌린 상태에서 물기를 말린 후에 접어 보관합니다.

**냄비**

양손잡이, 한손잡이 냄비 등 여러 종류가 있습니다. 중간 사이즈의 양손잡이 냄비 하나와 작은 사이즈의 한손잡이 냄비가 있다면 더욱 좋아요.

**프라이팬**

코팅 처리가 잘 되어 소량의 기름으로도 요리가 완성되는 프라이팬이 좋습니다.

구츠구츠의 쿠킹 가이드

**소쿠리**

다용도로 사용할 수 있는 조리 도구입니다. 나무 소쿠리보다는 플라스틱, 스테인리스로 만들어진 제품이 좋습니다.

**볼**

각종 나물과 무침, 면, 샐러드, 부침개 반죽 등에 사용하는 큼직한 볼이 있으면 좋아요. 유리, 스테인리스로 된 제품들이 금속 냄새나 색이 배이지 않아요.

**밀폐 용기**

요즘은 다양한 소재와 크기의 밀폐 용기가 많이 판매되고 있습니다. 그중에서도 전자레인지 사용이 가능한 밀폐 용기가 좋습니다.

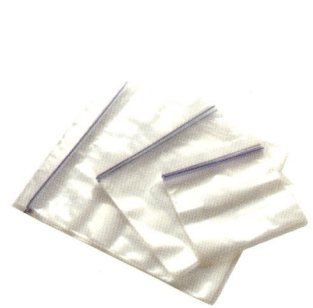

**냉동용 지퍼백**

지퍼백으로 불리는 냉동용 지퍼백은 밀폐 기능이 높아, 음식을 신선한 상태로 냉동 보관합니다. 해동해도 전자레인지에서 사용 가능한 상품들도 많아요.

**그 외 필요한 도구들**

튀김할 때 필요한 튀김 젓가락, 국자, 볶음 등에 편리한 나무 주걱, 채 썰기나 마늘 등을 바로바로 갈아 사용할 수 있는 강판, 면을 담거나 고기 등을 구울 때 편리한 집게 등이 있습니다.

## 4. 아이디어 조리 도구

요리에 서툴거나 요리할 시간이 없는 싱글들에게 추천하는 아이디어 조리 도구입니다.
시간도 단축시키는 편리한 도구들을 몇 개 소개합니다.

**1석3조의 프라이팬**

세 부분으로 나누어 있어 한 번에 세 가지 조리가 가능한 프라이팬으로 바쁜 아침에는 톡톡히 효자 노릇을 합니다.

**껍질이 벗겨지는 고무장갑**

일본에서 히트를 친 아이디어 상품으로 칼이나 필러로 일일이 벗기기 어려운 재료의 껍질을 간단하게 벗길 수 있습니다. 표면이 매우 거칠어 힘을 많이 주지 않아도 표면의 껍질만을 얇게 벗길 수 있습니다.

**수동 핸드 블렌더**

핸드 블렌더가 있으면 요리가 매우 편해집니다. 고가의 제품으로 조리 도구를 전부 장만하기 부담스럽다면 저렴한 수동 핸드 블렌더를 구입하세요. 재료 다지기, 달걀이나 액체 재료를 섞는 작업이 가능합니다.

구츠구츠의 쿠킹 가이드

**마늘 분쇄기**
—
마늘은 반으로 잘라 분쇄기에 넣고 바퀴 부분을 바닥에 대고 몇 번 움직이면 마늘이 곱게 다져집니다. 뚜껑을 열고 마늘을 긁어 낸 후에 흐르는 물에 깨끗하게 헹구면 손에 마늘 냄새가 배일 걱정 없이 마늘이 다져집니다.

**실리콘 장갑**
—
뜨거운 냄비나 오븐에서 막 꺼낸 철판이나 식기 등을 잡을 때 사용하는 장갑으로 기존의 두꺼운 장갑에 비해 얇고 작아 편리해요. 잡는 부분이 실리콘이라 뜨거운 것을 잡을 때도 좋고 미끄러지는 것도 방지합니다.

**전자레인지 전용 조리 도구**
—
편리한 것을 찾는 싱글들에게 참 좋은 도구입니다. 스파게티 면과 물을 넣어 전자레인지에 넣으면 삶아지는 스파게티 면 삶는 용기, 본체에 재료를 담아 뚜껑 덮은 후 가열해 만드는 찜기, 삶은 달걀 찜기, 생선 구이 패드 등 편리하게 사용할 수 있는 아이디어 상품도 많습니다.

## 5. 기본양념

기본양념은 말 그대로 기본으로 갖추고 있어야 하는 양념입니다.
이 양념들만 있으면 요리를 할 때 불편함은 없습니다. 우선 이 양념들로 시작하고
요리하며 한두 개씩 늘려가는 재미를 맛보세요.

### 식초
요리 초보자는 보통 쌀로 만든 쌀 식초르르 사용합니다. 산미가 강하지 않으면서 감칠맛이 강한 쌀로 만든 식초를 사용하는 것이 좋아요. 본인의 입맛에 맞추어 사과나 레몬 식초 등 취향에 맞는 식초를 구입해 보세요.

### 간장
국간장은 색이 옅어 색을 맞추기 위해 많은 양을 사용하는 실수를 하기도 해요. 국간장과 진간장은 사용 용도와 염도가 확연히 다르기 때문에 구분해서 사용해야 합니다. 국간장은 색이 옅어서 식재료의 색을 살리고 싶은 녹황색 야채 등의 조림이나 깨끗한 국을 끓일 때 등에 사용하고, 진간장은 감칠맛 나게 확실히 조림색을 들이고 싶은 조림 요리나 볶음 요리 등에 사용하세요.

### 소금
맛소금이나 정제염은 염도가 너무 강하므로 부드럽게 짠맛을 낼 수 있는 천연 소금을 사용합니다. 좋은 천일염은 미네랄 등이 다량 함유되어 있으므로 소금은 조금 욕심을 내어 좋은 것을 구입하세요.

### 미림
미림은 일본의 조미료로 쌀로 만든 단맛이 강한 조리용 술입니다. 미림을 사용하면 부드럽고 건강한 단맛을 낼 수 있어요. 식재료를 부드럽게 하고 조림에 광택을 주는 등 미림을 유용하게 사용해 보세요.

### 후춧가루
사용할 때마다 바로바로 갈아 사용해야 후추 고유의 향을 즐길 수 있어요.

### 된장, 고추장, 쌈장
직접 만들기 어렵기 때문에 시판되는 제품에서 골라 보세요. 요즘에는 용도에 따라 사용할 수 있도록 많은 종류가 출시됩니다.

### 고춧가루
김치용, 조리용으로 나뉘는데 김치용은 입자가 조금 크고 조리용은 입자가 매우 작아요. 개운하고 얼큰한 맛을 좋아한다면 김치용을 사용하고 매운 맛을 선호한다면 입자가 고운 조리용 고춧가루를 사용하세요.

### 설탕
요리에 사용하기 가장 좋은 설탕은 가장 확실한 맛을 내는 백설탕이지만 표백 등의 문제로 요즘은 사탕수수 설탕, 올리고당, 매실청 등의 조미료로 대체하는 추세입니다.

### 올리브유
많은 사람이 올리브유의 용도에 대해서 모르는 경우가 많은 것 같습니다. 올리브유는 발연점이 낮기 때문에 튀김이나 볶음, 구이 등의 고온 조리에는 적합하지 않아요. 오히려 기름이 타면서 트랜스 지방으로 변질되고 발암물질을 만들어 내므로 주의하세요.

### 카놀라유
발연점이 높아 튀김이나 부침, 구이는 물론, 다양한 요리에 사용하기 적합합니다. 최근에 수입산 카놀라유에서 검출되는 농약과 GMO(유전자 성분 조작) 논란이 있었으니, 철저한 검사로 유통되는 카놀라유를 선별하여 사용하도록 하세요.

### 참기름, 들기름
우수한 품질의 시판용 참기름, 들기름이 유통되고 있어요. 기름은 추출과 동시에 산화가 진행되므로 소량씩 구매하여 사용하는 것이 좋습니다.

## 6. 냉동 보관법

보통 식재료를 구입할 때, 1인분씩 구입하기는 힘든 일입니다.
남은 재료는 그대로 냉장고에 넣어 두다가 상해서 버렸던 경험, 한두 번쯤은 있으실 거예요.
구입한 재료를 끝까지 사용하기 위해서는 먹을 양만큼 나누어 냉동하는 스킬을 익혀 두면 좋습니다.

**밥**

밥이 뜨거울 때 한 공기씩 랩으로 포장해 냉동용 지퍼백에 담아 열기가 어느 정도 식으면 냉동실에 넣어 냉동하세요. 해동은 전자레인지에서 3~4분.

**빵**

냉동용 지퍼백에 담아 밀폐한 후에 냉동합니다. 지퍼백에 담기 전에 한 조각씩 랩으로 싼 후에 냉동하세요. 해동은 전제레인지에서 30~40초(혹은 토스터기 사용).

**면**

종류에 따라 냉동이 가능한 면과 불가능한 면이 있는데 파스타는 냉동이 가능합니다. 면을 삶아 물기를 제거한 후, 뜨거울 때 올리브유 1큰술을 넉넉히 넣어 버무린 후에 팩에 1인분씩 담아 냉동합니다. 해동은 전자레인지에서 30초~1분.

**닭고기**

1회 사용할 분량(100g)씩 냉동하면 편리합니다. 한 덩어리씩 랩으로 포장하여 냉동용 지퍼백에 넣어 냉동하세요. 해동은 전자레인지에서 2분(혹은 살짝 얼어 있는 상태에서 조리).

**얇은 돼지고기**

1회 사용할 분량(100g)씩 냉동하면 편리합니다. 한 덩어리씩 랩으로 포장하여 냉동용 지퍼백에 넣어 냉동하세요. 해동은 전자레인지에서 2분(혹은 살짝 얼어 있는 상태에서 조리).

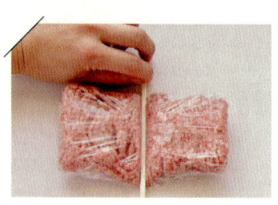

**간 고기**

간 고기를 랩에 올려 평평하게 사각형으로 모양을 잡아 1회 사용할 분량(100g)씩 젓가락으로 눌러 표시한 후 냉동용 지퍼백에 넣어 냉동합니다. 젓가락으로 누른 곳을 손으로 부러트려 사용할 분량씩 전자레인지에 2분간 해동.

구츠구츠의 쿠킹 가이드

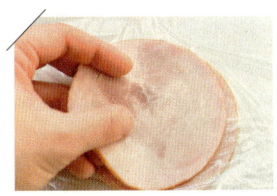

**햄**

덩어리 햄은 1회 사용할 분량(50g 정도)씩, 슬라이스 햄은 랩으로 한 장씩 싸서 냉동용 지퍼백에 담아 냉동시킵니다. 냉동 상태로 바로 조리하거나 실온에 꺼내 자연 해동.

**베이컨**

베이컨은 그대로 말아서 냉동시키거나 사용하기 편한 사이즈로 잘라 냉동하세요. 랩에 싸서 냉동시켜도 좋고 냉동 전용 밀폐 용기에 말아서 담아 두면 좋아요. 냉동 상태도 자르기 편하기 때문에 바로 조리 가능.

**오징어, 문어, 새우**

오징어나 문어, 새우는 1회 사용할 분량씩 랩으로 싼 후에 냉동 보관합니다. 오징어나 새우를 전자레인지에 해동 하면 익어버리는 경우가 많으므로 흐르는 물에 자연 해동시키세요. 갑각류는 살짝 녹으면 바로 잘라 조리하세요.

**토막 생선**

토막 생선은 한 조각씩 랩으로 싼 후에 냉동용 지퍼백에 담아 냉동시킵니다. 해동은 전자레인지에서 2분.

**마리 생선**

반건조 상태의 생선은 한 마리씩 랩으로 싼 후에 냉동시키고 꽁치 같은 생물은 머리와 내장을 모두 제거한 후에 랩으로 싸서 냉동용 지퍼백에 담아 냉동하세요. 해동은 전자레인지에서 2분(100g 기준).

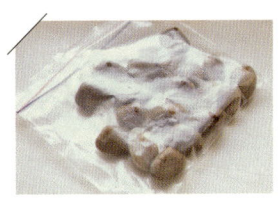

**바지락, 조개류**

소금물에 확실하게 해감시킨 후에 껍질을 비벼 가며 문질러 씻어요. 냉동용 지퍼백에 고르게 펼친 후에 담아 냉동합니다. 언 상태에서 바로 조리 가능.

**잎채소**

끓는 물에 소금을 1작은술 정도 넣어 30초~1분 정도 데쳐 찬물에 헹군 후 물기를 짜서 5cm 폭으로 잘라 100g씩 랩으로 싸서 냉동하세요. 언 채로 바로 국에 넣거나 볶아서 조리 가능.

**토마토**

깨끗하게 씻어 꼭지를 제거한 후에 그대로 랩에 싸서 냉동하세요. 언 상태로 볶음이나 수프, 소스 등에 넣어 조리 가능.

**파**

대파나 쪽파는 어슷하게 썰거나 송송 썰어 냉동용 지퍼백에 담아 냉동하세요. 언 상태로 국이나 찌개, 볶음 등에 넣어 사용 가능.

**브로콜리**

먹기 좋은 크기로 잘라 소금 1작은술 넣은 끓는 물에 데쳐 찬물에서 열기를 뺀 후에 물기를 제거하여 냉동용 지퍼백에 담아 냉동하세요. 그대로 먹을 때는 전자레인지에 1분 정도 해동(요리에 사용할 때는 언 상태로 수프, 국, 볶음 등에 넣어 조리 가능).

**고추, 파프리카, 피망**

고추는 그대로 냉동시키고 파프리카나 피망은 바로 사용할 수 있게 꼭지와 씨를 제거한 후에 먹기 좋은 크기로 잘라 냉동용 지퍼백에 담아 냉동하세요. 냉동 상태인 파프리카나 고추는 실온에서 녹으면 흐물해지면서 수분이 전부 나오기 때문에 언 상태에서 바로 사용합니다.

**생강, 마늘**

생강이나 마늘은 냉장 보관해도 크게 맛이 변하거나 상하지 않아요. 다량으로 구입해서 장기간 보관해야 한다면 다지거나 갈아서, 혹은 편으로 썰어서 냉동 보관하세요. 언 상태에서 칼로 조금씩 잘라 사용하거나 냉동시킬 때부터 얼음 틀에 얼리면 편리합니다.

## 구츠구츠의 쿠킹 가이드

### 버섯류
버섯은 밑동을 잘라 먹기 좋은 크기로 손으로 찢어 냉동용 지퍼백에 담아 냉동하세요. 언 상태에서 바로 조리 가능.

### 냉동이 불가능한 식품
냉동은 재료의 장기 보존 방법으로 좋지만 모든 식품이 냉동 가능한 것은 아닙니다. 냉동이 불가능한 식품을 알아봅시다.

#### 수분이 많은 식품
양배추, 오이 등 샐러드용 야채는 냉동하지 않는 것이 좋아요. 토마토를 가열하는 요리에 사용할 때는 냉동시킨 토마토를 사용하는 것이 조리가 빠르고 껍질을 쉽게 벗길 수 있어 적합하지만 샐러드 등 날것으로 먹을 때에는 냉동하지 않습니다.

그 외에 계란도 냉동에 적합하지 않은데 날계란은 물론, 삶은 계란은 해동하면 식감이 이상하게 변합니다. 두부는 해동 후 구멍이 숭숭 뚫려 스폰지와 같은 식감으로 변하기 때문에 냉동에 적합하지 않습니다.

#### 유분이 많은 식품
마요네즈나 유부 등 유분 많은 식품은 유분과 수분의 결빙점이 다르기 때문에 냉동 과정 중 수분과 유분이 분리됩니다.
가열하여 사용하는 스튜나 화이트소스에 사용하는 우유라면 상관없지만 우유가 가진 기본 조직이 파괴되므로 냉동은 삼가하세요.

## 밥 짓기

### ① 쌀이 먼저 물이 먼저?
쌀은 물에 닿는 순간부터 수분을 흡수한다는 사실, 알고 계시나요? 그렇기 때문에 쌀을 먼저 담고 물을 담으면 쌀에 묻어 있는 미세한 먼지와 쌀겨, 정미하면서 묻은 기름때 등이 수분과 함께 쌀에 흡수되므로 물을 먼저 받은 후에 쌀을 넣어 매우 빠르게 헹구어 가며 한두 번 쌀을 씻어 주는 것이 좋습니다.

### ② 쌀을 세게 씻지 않는다
쌀의 영양소는 작은 쌀눈에 모두 들어있는데 너무 세게 씻으면 쌀눈이 다 떨어지고 쌀알이 부서져서 영양가도 없고 맛이 없는 밥이 됩니다. 쌀은 처음 한 번은 재빠르게 헹구어 낸 후에 다시 새 물을 받아 씻을 때는 가볍게 한두 번 헹군 후에 물기를 빼 줍니다.

### ③ 30분 이상 쌀을 불리자
최소 30분 이상은 쌀을 불려서 수분을 충분히 흡수시켜 주는 것이 가장 좋지만 바쁜 싱글에게는 힘들 텐데요. 쌀을 충분히 불리면 쌀 안에 수분이 흡수되면서 호화가 일어나 쌀 본래의 풍미와 식감을 만끽할 수 있게 됩니다.

### ④ 쌀과 물의 양은 항상 일정하게 한다.
전기밥솥의 눈금이나 계량컵대로 정확하게 분량을 지켜 밥을 짓는 것이 좋아요. 아무리 밥 짓기에 익숙해도 손대중, 눈대중으로 밥을 짓는 프로 주부들도 가끔은 실수를 하기 때문에 요리 초보자는 계량컵 사용을 몸에 익히도록 하세요.

### ⑤ 밥은 재빠르게 뒤집는다
취사가 끝났으면 재빠르게 밥솥을 열어 밥을 뒤적여야 합니다. 밥은 바닥까지 사 등분으로 나누어 한 덩어리씩 뭉개지지 않게 뒤집어 밥에 남은 여분의 증기도 날리고 밥에 공기가 섞이게 합니다.

### ⑥ 맛있어 보이게 담는다
애써서 맛있게 지은 밥의 마지막 작업은 밥을 맛있게 담는 일인데요. 밥은 살짝 떠서 밥그릇에 올리듯이 담아내면 밥알이 살아있는 것처럼 보입니다.

# 맛국물과 육수 만들기

### ① 멸치 맛국물 만들기
가장 많이 사용하는 맛국물로 비교적 짧은 시간에 만들 수 있습니다.

재료
물 1리터, 다시마(10cm) 1장, 멸치 6~7마리

만드는 방법
1. 냄비에 물 1리터, 다시용 다시마를 넣어 길게는 하루, 짧게는 1시간 이상 냉장고에 넣어 둡니다.
2. 냄비에서 다시마를 건지고 멸치를 넣어 5~6분 끓입니다.
3. 멸치를 건져 마무리합니다.

### ② 가쓰오부시 맛국물 만들기
마른 가다랑어포로 만드는 일본 요리의 베이스가 되는 맛국물입니다.

재료
물 1리터, 가쓰오부시 60g

만드는 방법
1. 냄비에 물 1리터와 가쓰오부시를 함께 넣어 끓입니다.
2. 끓기 직전에 불을 끄고 가쓰오부시를 건져 마무리합니다.

### ③ 인스턴트 맛국물 만들기
인스턴트 맛국물에는 고형, 과립형, 액상 타입이 있습니다. 고형은 물 1컵에 2/3개가 적당, 과립형은 일반적으로 물 1컵에 1작은술을 넣어 사용합니다. 액상 맛국물은 제품에 따라 사용법이 다른데 물을 사용하지 않고 맛국물만 100% 사용하는 제품부터 2배 희석, 3배 희석 등 여러 가지 제품이 있습니다. 그러나 제품에 표기된 사용 방법, 또는 취향에 따라 달라집니다.

## 음식 맛있게 담기

### 식기의 선택

요리를 즐기는 사람의 즐거움 중 하나는 예쁜 그릇을 구입하는 것입니다. 그러나 가정에서는 업소처럼 다양한 식기를 모두 구비하는 것은 어려운 일이므로 소량만 구입하고자 한다면 어떤 요리에나 잘 어울리는 흰색 식기가 적합합니다. 컵은 심플하면서도 경도가 높은 제품이 좋고 뜨거운 음료를 담아도 깨지지 않는 오래 사용할 수 있는 제품으로 선택하세요.

### 담는 기술

아무리 맛있는 요리라도 식기에 음식을 100% 채우기보다는 7할 정도만 담는 것이 좋습니다. 요리의 양을 조금 더 줄이면 시원한 느낌을 주기도 하므로 계절에 맞게 변화를 줄 수도 있습니다.
부피가 있는 요리는 평면으로 담는 것보다는 음식을 쌓듯이 담아 입체감을 살리면 훨씬 먹음직스러워 보입니다. 산처럼 높이 쌓지 말고 적당한 높이가 있는 것이 보기에도 좋고 먹기에도 편해요.
또한 식욕을 부르는 색을 사용하세요. 파란 계열은 식욕을 저하시키고 붉은색, 노란색은 식욕을 자극합니다. 그렇다고 전체적으로 붉은색, 노란색 음식만 사용하는 것보다는 파슬리 같은 녹색의 야채를 곁들이는 것이 좋습니다.

CONTENTS

004　PROLOGUE
006　우리 몸에 꼭 필요한 영양소
016　구츠구츠의 쿠킹 가이드
030　똑소리 나게 시작하는 요리

## PART 1 야채 가득 먹고 싶은 날

 **040**
비빔밥+연근 된장국+단무지 무침

 **060**
야채 튀김+매운 감자조림+오징어 국

 **044**
닭고기 채소 조림+미역국+단호박 요거트 샐러드

 **064**
버섯 참마 전골+닭가슴살 부추 볶음+토마토 참깨 초무침

 **048**
콩나물밥+배추 된장국+오이 초무침

 **068**
롤 캐비지+무 레몬 절이+줄기콩 머스터드 무침

 **052**
샐러드 우동+우엉 포타주+연근 치즈 구이

 **056**
마파 가지+중화 계란 수프+잔멸치 피망 볶음

## PART 2 육류와 해산물 당기는 날

**074**
돼지고기 김치찌개+느타리버섯 전+고사리나물

**078**
돼지고기 생강 구이+콩나물 무침+참마 미소시루

**082**
삼겹살 샤브샤브 찜+시금치나물+우엉 고추장 볶음

**086**
탕수육+매운 두유 감잣국+중화 샐러드

**090**
스테이크+카프레제 냉수프+크레송 샐러드

**094**
카라아게+쑥갓 시저 샐러드+우엉 참깨 조림

**098**
치킨 데리야키+아스파라거스 수프+토마토 머스터드 샐러드

**102**
두부 햄버그 스테이크+어니언 수프+어니언 토마토 마리네

**106**
닭 날개 조림+새우 두부 수프+오이 미역 샐러드

**110**
흰살 생선 머스터드 구이+토마토 오이 샐러드+당근 마요 조림

**114**
연근 버섯 국+두부 베이컨 말이+가자미조림

**118**
오징어 볶음+어묵 국+감자전

**122**
생태 두붓국+뚝배기 달걀찜+어묵 볶음

**126**
토란국+연어 구이+톳 조림

**130**
삼선 짬뽕 밥+야채 절임+대파 구이

## PART 3 여유로운 브런치 즐기는 날

136
크램 차우더+미트 소스 스파게티+브로콜리 샐러드

140
봉골레 시금치 스파게티+토마토 빈즈 스튜+파프리카 마리네

144
치킨 크림 수프+스페인식 오믈렛+오렌지 샐러드

148
칠리 새우+가지 토마토 수프+ 중화 미역 샐러드

152
오야코동+돈지루+샐러리 절임

156
야채 닭죽+상추 겉절이+창란젓 무침

160
해물 잡채 덮밥+명란젓 김칫국+시금치 된장 무침

164
바지락 토마토 차우더+크로켓+당근 샐러드

168
카레 치즈 구이+브로콜리 볶음+망고 라씨

172
팟타이+양배추 수프+머스터드 포테이토 샐러드

## PART 4 술 한 잔이 그리운 날

178
명란젓 달걀말이

190
훈제 연어 카나페

180
해물 파전

192
파인애플 로스트 햄

182
소고기 타다키 샐러드

194
두부 떡 김치

184
고추잡채

186
골뱅이 무침

188
크림치즈 플레이트

## PART 5 달달함에 촉촉이 젖고 싶은 날

198
프렌치토스트

206
딸기 찹쌀떡

200
애플 시나몬 피자

208
바나나 티라미수

202
단호박죽

210
흑임자 푸딩

204
그린티 파르페

PART 1 야채 가득 먹고 싶은 날

싱글들에게 가장 부족한 영양소는 비타민C가 아닐까요.

혼자 살면서 야채를 챙겨 먹기 쉽지 않지만 비타민은 없어서는 안 될 영양소입니다.

일주일에 한두 번이라도 시간을 내어 야채 가득 들어간 건강 집밥을 만들어 보세요.

야채 가득 먹고 싶은 날

## 비빔밥＋연근 된장국＋단무지 무침

일일이 나물을 데치거나 무치지 않아도 되는 비빔밥 정식입니다. 아삭아삭한 연근이 들어간 연근 된장국, 개운한 단무지 무침과 함께 맛있는 식사를 즐길 수 있습니다. 영양가도 풍부하고 야채도 듬뿍 섭취할 수 있어 혼자 먹는 식사라도 행복합니다.

**재료**

### 비빔밥

달걀 1개
당근 20g
시금치 2줄기
고사리 20g
숙주 50g
마늘 1쪽
소고기 50g
밥 1공기
식용유 적당량
고추장 1큰술
참기름 1큰술

### 연근 된장국

연근 40g
표고버섯 2장
당근 10g
물 3컵
멸치 5~6마리
마늘 1쪽
청양고추 1개
된장 1큰술

### 단무지 무침

단무지 30g
고춧가루 1/2작은술
설탕 1/3작은술
참기름 1작은술
참깨 1작은술

# 비빔밥

1. 달걀 프라이를 만든다.
2. 당근은 5cm 길이로 채 썰고 시금치와 고사리도 비슷한 길이로 준비한다. 숙주도 깨끗하게 손질한다.
3. 프라이팬에 식용유를 두르고 다진 마늘과 소고기를 볶는다. 고기가 익으면 2의 당근과 고사리를 넣고 3분간 볶다가 당근이 부드러워지면 시금치와 숙주를 넣고 2분간 더 볶는다.
4. 3의 프라이팬에 밥을 넣어 볶다가 고추장과 참기름을 넣는다.
5. 4를 그릇에 담고 달걀 프라이를 올려 마무리한다.

야채 가득 먹고 싶은 날

### 연근 된장국

1. 연근은 껍질을 벗겨 0.5cm 두께로 썰어 사 등분한다. 표고버섯은 줄기를 잘라 얇게 썰고, 당근은 껍질을 벗겨 어슷하게 썬다.
2. 냄비에 물 3컵과 멸치를 넣어 7~8분 우린 후, 멸치를 건져 멸치 맛국물을 만든다.
3. 2에 1의 재료와 다진 마늘을 넣고 3~4분 끓이다가 청양고추를 송송 썰어 넣어 3분 더 끓여 마무리한다.
4. 3에 분량의 된장을 풀고 1~2분 더 끓인다.

### 단무지 무침

1. 단무지는 먹기 좋은 크기로 자른다.
2. 1의 단무지에 고춧가루를 넣고 붉게 물을 들인다.
3. 2에 분량의 설탕, 참기름, 참깨를 넣고 버무린다.

야채 가득 먹고 싶은 날

## 닭고기 채소 조림+미역국+단호박 요거트 샐러드

위에 부담이 적은 섬유질 가득한 뿌리채소로만 만든 닭고기 채소 조림은 재료 그대로의 맛이 살아 있는 일본식 조림입니다. 재료 손질이 조금은 까다로울 수 있지만 한번 맛보면 계속 찾게 되는 요리예요. 닭고기 채소 조림과 함께 깔끔한 미역국, 담백한 단호박 요거트 샐러드도 즐겨 보세요.

**재료**

### 닭고기 채소 조림

닭고기(허벅지살) 200g
우엉 150g
연근 120g
당근 200g
표고버섯 4장
곤약 200g
가쓰오부시 다시 4컵
간장 8큰술
설탕 1큰술
미림 8큰술
꽈리고추 5~6개

### 미역국

물 2컵
치킨 스톡 1/2작은술
소금 1/4작은술
후춧가루 적당량
불린 미역 20g
쪽파 1대

### 단호박 요거트 샐러드

단호박 100g
플레인 요거트 1큰술
설탕 1/2작은술
마요네즈 1/2큰술
소금 적당량

## 닭고기 채소 조림

1 닭고기는 먹기 좋은 크기로 잘라 껍질을 아래로 가게 하여 기름을 두르지 않고 굽는다. 닭에서 나오는 기름은 키친 페이퍼로 닦는다.
2 우엉, 연근, 당근은 껍질을 벗겨 먹기 좋은 크기로 준비한다. 표고버섯은 밑동을 제거하고 곤약은 먹기 좋은 크기로 준비한다.
3 1에 가쓰오부시 맛국물을 붓고 분량의 간장, 설탕, 미림을 넣고 2의 재료를 모두 넣어 중불에서 끓인다. 끓기 시작하면 알루미늄 포일로 뚜껑을 만들어 덮고 뭉근하게 조린다.
4 모든 재료가 부드럽게 익으면 꽈리고추를 넣고 3~4분 더 조린다.

야채 가득 먹고 싶은 날

### 미역국

1 분량의 물이 끓기 시작하면 치킨 스톡, 소금과 후춧가루를 넣어 끓인다.
2 1에 불린 미역과 쪽파를 송송 썰어 넣고 마무리한다.

### 단호박 요거트 샐러드

1 단호박은 속을 파내고 2×2cm 크기로 잘라 찜통에서 찌거나 접시에 담아 랩을 씌워 전자레인지에서 2분 돌린다.
2 1의 단호박이 완전히 식으면 나머지 재료를 넣고 골고루 버무린다.

야채 가득 먹고 싶은 날

## 콩나물밥+배추 된장국+오이 초무침

콩나물 향기 가득한 콩나물밥은 사실 반찬이 필요 없는 특별식입니다. 맛있는 양념장을 넣어 슥슥 비며 먹으면 건강해지는 느낌이 한껏 들어요. 구수하고 얼큰한 배추 된장국과 새콤달콤한 오이 초무침도 식욕을 돋구어 주기 때문에 입맛이 없을 때 먹으면 좋아요.

**재료**

**콩나물밥**

소고기 100g
간장 2큰술
참기름 1작은술
후춧가루 적당량
콩나물 100g
쌀 2컵

양념장
간장 3큰술
식초 3큰술
다진 대파 1큰술
마늘 1쪽
설탕 1작은술
참기름 1큰술
참깨 1작은술
고춧가루 1작은술

**배추 된장국**

물 6컵
멸치(육수용) 6~7마리
배추 잎 3장
소고기 50g
마늘 1쪽
된장 1 1/2큰술
대파 1/2대
청양고추 1개

**오이 초무침**

오이 50g
소금 적당량
미나리 2줄기
양파 40g
홍고추 1/2개

양념장
고추장 1/2큰술
고춧가루 1/2작은술
설탕 1작은술
참기름 1작은술
참깨 1작은술

## 콩나물밥

1 소고기는 먹기 좋은 크기로 잘라 분량의 간장, 참기름, 후춧가루를 넣어 5분 정도 재운다.
2 콩나물을 깨끗하게 다듬는다.
3 깨끗하게 씻은 쌀을 밥솥에 담고 1의 고기와 2의 콩나물을 올려 밥을 짓는다.
4 밥이 다 되면 주걱으로 바닥까지 뒤집어 골고루 섞어 그릇에 담는다.
5 분량의 재료로 만든 양념장을 밥에 곁들여 먹는다.

야채 가득 먹고 싶은 날

## 배추 된장국

1. 물에 멸치를 넣고 7~8분 끓이다가 건져 멸치 맛국물을 만든다.
2. 배추와 소고기는 먹기 좋은 크기로 썰고 마늘은 잘게 다져 준비한다.
3. 2를 1에 넣어 5~6분 끓인다.
4. 3에 된장을 풀고 어슷하게 썬 대파와 청양고추를 넣고 4~5분 더 끓여 마무리한다.

## 오이 초무침

1. 오이는 소금에 씻어 반으로 갈라 어슷하게 썬다. 미나리는 5cm 길이로 준비하고 양파는 얇게 썰어 찬물에 5분 정도 담가 둔다. 홍고추도 얇게 썰어 준비한다.
2. 볼에 분량의 양념장 재료와 1의 야채들을 넣고 골고루 버무린다.

야채 가득 먹고 싶은 날

## 샐러드 우동+연근 치즈 구이+우엉 포타주

프레시한 샐러드에 차가운 우동과 고소한 참깨 드레싱을 올린 샐러드 우동은 별미입니다. 이와 더불어 〈마스터셰프 코리아〉 시즌 2의 심사 위원이었던 김소희 셰프도 극찬한 우엉 포타주는 깊고 부드러운 맛이 특징인데 맛을 보면 우엉의 색다른 발견을 하실 수 있을 거예요.

**재료**

**샐러드 우동**

돼지고기(샤브샤브용) 50g
양상추 2장
오이 35g
양파 40g
토마토 70g
우동 면 1인분
참깨 드레싱(시판용) 3~5큰술

**연근 치즈 구이**

연근 40g
식초 적당량
간장 2큰술
피자용 치즈 2큰술

**우엉 포타주**

우엉 80g
식초 적당량
양파 150g
식용유 적당량
치킨 스톡 1컵
소금 1작은술
우유 1/3컵
후춧가루 적당량

## 샐러드 우동

1. 뜨거운 물에 익힌 돼지고기를 바로 꺼내 얼음물에 넣어 열기를 식힌 후 물기를 뺀다.
2. 양상추는 1cm 길이로 준비한다. 오이와 양파는 얇게 썰어 찬물에 5분 정도 담가 둔다. 토마토는 먹기 좋은 크기로 준비한다.
3. 우동 면은 삶아서 찬물에 넣어 열기를 식힌 후 건진다.
4. 그릇에 3의 면을 깔고 1, 2의 재료를 보기 좋게 올린다.
5. 취향에 따라 참깨 드레싱을 뿌린다.

## 연근 치즈 구이

1. 식초를 조금 넣어 만든 식초 물에 1cm 두께로 자른 연근을 5분 정도 담가 물기를 제거한다.
2. 식용유를 두른 프라이팬에 1의 연근을 앞뒤로 노릇하게 굽는다.
3. 2의 연근에 분량의 간장을 뿌려 조린 후, 치즈를 올려 치즈가 녹을 정도로 더 굽는다.

## 우엉 포타주

1. 우엉은 두 종류로 손질한다. 반은 껍질을 벗겨서 연필 깎듯 뾰족하게 준비하고 나머지 반은 작게 잘라 식초 물에 5분 정도 담가 둔다. 양파는 얇게 썰어 준비한다.
2. 식용유를 두른 냄비에 1의 양파를 소량만 남기고 갈색이 돌 때까지 볶는다. 여기에 식초 물에 넣어 둔 1의 우엉, 치킨 스톡, 소금을 넣어 뚜껑을 덮고 10분 이상 중불에서 끓인다.
3. 남겨 둔 양파와 1의 연필 깎듯 깎은 우엉은 175도 기름에서 바삭하게 튀긴다.
4. 2를 국물까지 전부 믹서에 넣어 곱게 갈아 다시 냄비에 넣어 끓인다. 여기에 분량의 우유를 넣고 끓으면 불을 끈다.
5. 그릇에 4를 담고 후춧가루를 적당량 뿌리고 3의 튀긴 양파와 우엉을 올려 마무리한다.

야채 가득 먹고 싶은 날

# 마파 가지+중화 계란 수프+잔멸치 피망 볶음

식욕을 돋우는 매콤한 마파 가지와 부드럽고 담백해 목 넘김이 좋은 중화 계란 수프는 참 잘 어울립니다. 여기에 어릴 적 인기 반찬이었던 잔멸치 볶음을 밑반찬으로 함께하면 영양 만점, 훌륭한 중화풍 식탁을 차릴 수 있습니다.

**재료**

마파 가지

식용유 적당량
대파 1/3대
간 돼지고기 50g
가지 80g
두반장 1큰술
후춧가루 1작은술
물 1/2컵
물에 푼 전분 1/2큰술
치킨 스톡 1작은술
마늘 1쪽
참기름 1작은술

중화 계란 수프

당근 적당량
표고버섯 1개
대파 적당량
달걀 1개
물 2컵
치킨 스톡 1/3작은술
소금 1/3작은술
후춧가루 적당량
물에 푼 전분 1작은술

잔멸치 피망 볶음

피망 20g
잔멸치 50g
참깨 1작은술
식용유 적당량

양념장

간장 1큰술
미림 1큰술
설탕 1/2작은술

## 마파 가지

1 마늘과 대파를 다진다.
2 식용유를 두른 프라이팬에 다진 마늘, 다진 대파, 간 돼지고기를 넣고 볶는다. 여기에 5cm 길이로 팔 등분한 가지를 부드러워질 때까지 볶다가 두반장을 넣어 더 볶는다.
3 2에 매운기가 올라오면 물을 붓고 치킨 스톡을 넣어 끓이다가 물이 절반으로 졸면 후춧가루와 물에 푼 전분을 넣어 농도를 맞춘다.
4 참기름 넣고 골고루 섞어 마무리한다.

야채 가득 먹고 싶은 날

### 중화 계란 수프

1. 당근과 표고버섯은 채 썬다. 대파는 어슷하게 썰고 달걀은 잘 풀어 둔다.
2. 냄비에 물과 치킨 스톡을 넣어 끓기 시작하면 1의 당근과 표고버섯을 넣고 끓이다가 불을 약하게 줄이고 달걀과 대파를 넣고 살살 저어가면서 끓인다.
3. 달걀이 익으면 소금과 후춧가루를 넣고 물에 푼 전분으로 농도를 맞춘다.

1. 피망은 속을 털고 사선으로 채 썬다.
2. 프라이팬에 식용유를 두르고 잔멸치를 볶다가 노릇해지면 불을 줄이고 재빠르게 분량의 양념장 재료를 넣어 조린다.
3. 양념장이 거의 졸면 1의 피망을 넣고 볶는다.
4. 피망 냄새가 나기 시작하면 불을 끄고 참깨를 넣고 골고루 섞는다.

### 잔멸치 피망 볶음

야채 가득 먹고 싶은 날

# 야채 튀김+매운 감자조림+오징어 국

바삭바삭한 야채 튀김을 매콤한 양념 간장에 찍어 먹으면 훌륭한 반찬으로 변신합니다. 짭조름한 감자조림과 얼큰한 오징어 국을 곁들여 든든한 식사를 해 보세요. 야채 튀김은 아래 재료 이외에 본인이 좋아하는 야채로 만들어도 좋습니다.

**재료**

**야채 튀김**

양파 150g
당근 65g
고구마 125g
쑥갓 65g
박력분 4큰술
물 5큰술

**양념장**

소금 1작은술
청양고추 1개
간장 4큰술
식초 4큰술
설탕 1큰술

**매운 감자조림**

감자 200g
청양고추 1개
간장 3큰술
고춧가루 1/2작은술
설탕 1/2작은술
미림 3큰술
참기름 1작은술

**오징어 국**

오징어 1/2마리
무 3cm
대파 1/2개
물 3컵
마늘 1개
고춧가루 1큰술
소금 2/3작은술
간장 1큰술
후춧가루 적당량
쑥갓 65g

## 야채 튀김

1. 양파, 당근, 고구마는 5cm 길이로 가늘게 채 썬다. 쑥갓도 비슷한 길이로 준비한다.
2. 볼에 박력분과 물을 잘 섞은 후에 1의 야채들을 넣고 버무린다.
3. 175도의 기름에 2의 반죽을 넣고 바삭하게 튀긴 후 키친 페이퍼에 올려 여분의 기름기를 뺀다.
4. 분량의 양념장 재료를 섞어 튀김에 곁들인다.

야채 가득 먹고 싶은 날

## 매운 감자조림

1  감자는 껍질을 벗겨서 먹기 좋은 크기로 준비하고 청양고추는 송송 썰어 준비한다.
2  냄비에 1의 야채, 참기름을 제외한 나머지 재료를 넣고 뚜껑을 덮어 중약불에서 6~7분 조린다.
3  감자가 조려지면 불을 끄고 참기름을 넣고 가볍게 섞어 마무리한다.

## 오징어 국

1  오징어는 한입 크기로 손질한다. 무는 나박하게 썰고, 대파는 어슷하게 썰어 준비한다.
2  냄비에 물을 붓고 끓기 시작하면 1의 재료, 분량의 다진 마늘, 고춧가루를 넣고 끓인다.
3  오징어와 무가 부드럽게 익으면 소금, 간장, 후춧가루를 넣는다. 불을 끈 후에 쑥갓을 넣어 마무리한다.

## 버섯 참마 전골+닭가슴살 부추 볶음+토마토 참깨 초무침

버섯 참마 전골은 가을에 잘 어울리는 요리입니다. 〈마스터셰프 코리아〉 100인 오디션에서 심사 위원이었던 강레오 셰프가 호평하셨던 메뉴인데요. 참마와 버섯의 풍미를 잘 느낄 수 있습니다. 닭가슴살을 가장 맛있게 먹을 수 있는 닭가슴살 부추 볶음과 상큼한 토마토 참깨 초무침도 곁들여 보세요.

### 재료

**버섯 참마 전골**

버섯 모듬 200g
대파 1/2대
참마 10cm
삼겹살 50g
후춧가루 적당량

**육수**
가쓰오부시 맛국물 3컵
간장 2큰술
청주 2큰술
설탕 1작은술

**닭가슴살 부추 볶음**

닭가슴살 50g
소금 1/2작은술
후춧가루 적당량
전분 1큰술
부추 3줄기
건고추 2개
흑임자 적당량

**양념장**
간장 2큰술
식초 1큰술
설탕 1작은술

**토마토 참깨 초무침**

토마토 150g
간장 1/2큰술
소금 적당량
식초 1큰술
참깨 1/2큰술

## 버섯 참마 전골

1 버섯은 밑동을 제거하고 먹기 좋은 크기로 손질한다. 대파는 어슷하게 썰고, 참마는 강판에 간다.
2 삼겹살은 먹기 좋은 크기로 잘라 후춧가루를 뿌린다.
3 가쓰오부시 맛국물에 분량의 간장, 청주, 설탕을 넣어 육수를 만든다.
4 냄비에 버섯과 삼겹살, 대파를 보기 좋게 담고, 3의 육수를 넣어 중불에서 10분 정도 끓인다.
5 다 익으면 불을 끄고 1의 참마를 듬뿍 올린다.

## 닭가슴살 부추 볶음

1. 닭가슴살은 먹기 좋은 크기로 손질해 소금, 후춧가루로 밑간을 한 후 전분을 입힌다.
2. 부추는 5cm 길이로 자르고 건고추는 잘게 잘라 준비한다.
3. 식용유를 두른 프라이팬에서 1을 골고루 굽는다.
4. 분량의 양념장 재료를 골고루 섞는다.
5. 3의 닭가슴살에 2의 재료를 넣고 4의 양념장을 모두 넣어 볶는다. 그릇에 담아 흑임자를 살짝 뿌려 마무리한다.

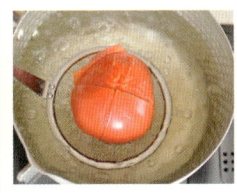

## 토마토 참깨 초무침

1. 꼭지에 십자로 칼집을 살짝 낸 토마토를 뜨거운 물에 30초간 데친 후, 찬물에 넣어 껍질을 벗기고 가로, 세로 사 등분한다.
2. 1의 토마토에 간장, 소금, 식초를 넣는다.
3. 마지막에 곱게 간 참깨를 넣고 버무린다.

야채 가득 먹고 싶은 날

## 롤 캐비지+무 레몬 절이+줄기콩 머스터드 무침

양념한 고기를 양배추에 올려서 싸서 먹는 것이 아닌 고기 본연의 맛을 그대로 즐길 수 있는 신감각의 롤 캐비지입니다. 레몬으로 절인 새콤달콤한 무 레몬 절이와 톡톡 씹히는 식감이 재미있는 줄기콩 머스터드 무침은 만들기도 쉬워 자주 만들어 먹을 수 있는 메뉴입니다.

**재료**

롤 캐비지

양배추 6장
토마토 1개
당근 70g
양파 75g
밀가루 1작은술
소고기(불고기용) 300g
소금 적당량
후춧가루 적당량
스파게티 면 1개
파슬리 적당량

육수
물 2컵
화이트 와인 1/2컵
고형 치킨 스톡 1조각
월계수 잎 1장
소금 1/3작은술
후춧가루 적당량

무 레몬 절이

무 150g
레몬 70g
설탕 1큰술
소금 1작은술

줄기콩 머스터드 무침

줄기콩 4개
소금 적당량
씨겨자 1작은술
마요네즈 1작은술

## 롤 캐비지

1. 양배추는 부드러운 잎 부분으로만 골라 두꺼운 심을 제거해 랩에 말아 데친다.
2. 토마토, 당근, 양파는 각각 1×1cm 크기로 깍뚝썰기 한다.
3. 1의 양배추는 서로 포개어 가로 20cm, 세로 30cm 정도로 펼쳐서 밀가루를 넉넉히 뿌린다. 이 위에 소고기를 올리고 소금과 후춧가루를 소량 뿌린 후, 동그랗게 만다.
4. 스파게티 면을 부러뜨려 3의 양배추 이음새에 고정시킨다.
5. 분량의 육수 재료, 4의 양배추, 준비한 야채들을 냄비에 넣어 중불에서 끓이다가 끓기 시작하면 약불에서 20분 더 끓인 후 소금으로 간을 한다. 먹기 좋은 크기로 잘라 우묵한 접시에 담고 파슬리를 올린다.

야채 가득 먹고 싶은 날

## 무 레몬 절이

1 무는 3cm 길이로 곱게 채 썰어 소금 1/3큰술을 넣고 버무려 10분 이상 수분을 뺀다. 준비한 레몬 1/3 분량은 세로로 얇게 썰어서 사 등분하고 남은 레몬은 즙을 짠다.
2 1의 레몬 즙과 설탕, 소금은 골고루 섞는다.
3 1의 무는 물기를 꼭 짜고 얇게 썬 레몬을 넣어 30분 정도 냉장고에 재운 후 먹는다.

## 줄기콩 머스터드 무침

1 줄기콩은 소금물에 2~3분 데친 후, 찬물에 헹궈 먹기 좋은 크기로 준비한다.
2 1의 줄기콩과 씨겨자, 마요네즈를 넣고 골고루 버무린다.

PART 2 육류와 해산물 당기는 날

육류는 소중한 단백질원이므로 적당히만 먹으면 큰 문제가 되지 않습니다.

또한 타우린과 아연이 풍부하게 들어 있어 피로 해소에 좋은 해산물도

혼자 사는 싱글들에게 꼭 필요한 재료입니다.

## 돼지고기 김치찌개+느타리버섯 전+고사리나물

신김치와 돼지고기는 언제나 최고의 궁합을 자랑합니다. 김치찌개에는 돼지고기 또는 참치를 많이 넣는데 개인적으로 김치에는 돼지고기가 더 어울리는 것 같아요. 큼지막한 돼지고기를 듬뿍 넣어 끓인 김치찌개는 식사로도, 안주로도 으뜸입니다.

**재료**

### 돼지고기 김치찌개

배추김치 100g
김치 국물 1/2컵
마늘 1쪽
돼지고기(김치찌개용) 50g
식용유 적당량
멸치 맛국물 4컵
대파 1/2대
후춧가루 1/3작은술

### 느타리버섯 전

느타리버섯 100g
양파 70g
당근 20g
부추 10g
박력분 2큰술
달걀 1개
소금 1/3작은술
식용유 적당량

양념장
간장 2큰술
식초 2큰술

### 고사리나물

데친 고사리 200g
마늘 1쪽
식용유 1큰술
소금 1/4작은술
참기름 1작은술

## 돼지고기 김치찌개

1. 식용유를 두른 냄비에 먹기 좋은 크기로 자른 배추김치와 김치 국물, 다진 마늘을 넣고 볶는다.
2. 1의 김치 국물이 거의 졸면 멸치 맛국물을 넣는다.
3. 맛국물이 끓기 시작하면 돼지고기를 넣고 부드러워질 때까지 10~15분 정도 더 끓인다.
4. 3에 어슷하게 썬 대파를 넣고 2~3분 더 끓인 후 취향에 따라 후춧가루를 올린다.

육류와 해산물 당기는 날

## 느타리버섯 전

1. 느타리버섯은 손으로 잘게 찢고 양파와 당근은 5cm 길이로 가늘게 채 썰어 준비한다. 부추도 비슷한 길이로 자른다.
2. 볼에 분량의 박력분, 달걀, 소금, 1의 야채를 넣고 골고루 섞는다.
3. 달군 프라이팬에 식용유를 넉넉하게 두르고 2의 반죽을 조금씩 올려 노릇하게 부친다.
4. 익힌 전은 키친 페이퍼에 올려 기름기를 제거하고 양념장을 함께 낸다.

## 고사리나물

1. 데친 고사리는 물기를 제거하고 마늘은 다져서 준비한다.
2. 프라이팬에 식용유를 적당량 두르고 1의 재료를 넣고 볶는다.
3. 2에 소금과 참기름을 넣고 골고루 섞어 마무리한다.

육류와 해산물 당기는 날

## 돼지고기 생강 구이+콩나물 무침+참마 미소시루

생강 향 덕분에 없던 입맛도 돌아오게 하는 돼지고기 생강 구이는 센불에서 단시간에 굽는 것이 비결입니다. 채 썬 양배추를 듬뿍 올려 함께 먹으면 훌륭한 메인 반찬이 됩니다. 매콤한 콩나물 무침과 아삭아삭한 참마 미소시루와 함께 일본풍 밥상을 차려 보세요.

**재료**

**돼지고기 생강 구이**

돼지고기(제육볶음용) 200g
식용유 적당량
양배추 2~3장
마요네즈 적당량

조림장
생강 1개
간장 2큰술
미림 2큰술
설탕 1작은술
후춧가루 적당량

**콩나물 무침**

콩나물 100g
대파 10cm
소금 적당량

양념장
고춧가루 1작은술
소금 1/8작은술
참기름 1큰술
참깨 1큰술

**참마 미소시루**

참마 10cm
무순 적당량
가쓰오부시 맛국물 3컵
왜된장 2/3큰술

## 돼지고기 생강 구이

1 껍질 벗긴 생강을 강판에 곱게 갈아서 분량의 재료를 섞어 조림장을 만든다.
2 식용유를 약간 두른 프라이팬에 돼지고기를 구운 후, 1의 조림장을 넣어 조린다.
3 양배추는 가늘게 채 썰어서 찬물에 살짝 넣었다가 물기를 완전히 뺀다.
4 취향에 따라 마요네즈를 함께 접시에 담는다.

육류와 해산물 당기는 날

## 콩나물 무침

1. 소금을 적당량 넣은 끓는 물에 콩나물을 넣고 1~2분 데쳐 물기를 뺀다.
2. 대파는 잘게 다진다.
3. 볼에 1의 콩나물과 2의 다진 대파, 분량의 양념장 재료를 넣어 무친다.

## 참마 미소시루

1. 참마는 껍질을 벗겨 큼지막하게 썰고 무순은 적당한 길이로 잘라 준비한다.
2. 가쓰오부시 맛국물이 끓기 시작하면 1의 참마를 넣고 끓인다.
3. 불을 끄고 왜된장을 풀어 그릇에 담은 후에 1의 무순을 올린다.

## 삼겹살 샤브샤브 찜+시금치나물+우엉 고추장 볶음

삼겹살은 풍부한 지방 덕분에 고기를 데치거나 쪘을 때, 쉽게 퍼지는 것을 막아줘서 찜을 하기에 적절한 부위입니다. 대파를 가득 넣고, 상큼한 드레싱에 찍어 먹는 삼겹살 샤브샤브 찜은 만들기도 쉽고 보기에도 그럴듯해서 혼자 먹어도 대접받는 느낌이 드는 메뉴입니다.

**재료**

### 삼겹살 샤브샤브 찜

삼겹살 100g
대파 1대
물 3큰술
소금 적당량
후춧가루 적당량

폰즈 무 드레싱
간장 4큰술
식초 3큰술
설탕 1작은술
간 무 1큰술

우메보시 드레싱
우메보시 1개
간장 1작은술
물 1작은술
식초 1작은술
설탕 1/4작은술

### 시금치나물

시금치 100g
소금 1/5작은술
설탕 1/4작은술
간장 1작은술
참기름 1작은술
참깨 1작은술

### 우엉 고추장 볶음

우엉 70g
식용유 1/2큰술
참깨 2작은술

양념장
고추장 1/2큰술
미림 1큰술
마늘 1/2쪽
설탕 1작은술
참기름 1작은술

## 삼겹살 샤브샤브 찜

1  삼겹살은 소금과 후춧가루로 가볍게 밑간을 하고 먹기 좋은 크기로 자른다.
2  대파는 어슷하게 썰어 준비한다.
3  프라이팬에 1의 삼겹살과 2의 대파를 번갈아 깔고 물을 넣은 뒤 뚜껑을 덮어 약불에서 5~6분 찐다.
4  분량의 재료로 폰즈 무 드레싱과 우메보시 드레싱을 만든다.
5  3이 익으면 4의 소스와 함께 낸다.

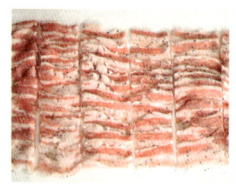

## 시금치나물

1 시금치는 소금을 푼 물에 2분 정도 데쳐 찬물에 헹군 후에 물기를 제거하고 5cm 길이로 자른다.
2 1의 시금치를 뭉치지 않게 잘 풀어 헤친 후에 소금, 설탕, 간장을 넣고 골고루 버무린다.
3 2의 시금치에 참기름과 참깨를 넣고 가볍게 버무린다.

## 우엉 고추장 볶음

1 우엉은 연필을 깎듯이 손질해서 찬물에 5분 정도 담근 후 물기를 뺀다.
2 분량의 양념장 재료를 골고루 섞는다.
3 프라이팬에 식용유를 두르고 1의 우엉을 볶다가 우엉이 반 정도 익으면 2의 양념장을 넣어 볶는다.
4 양념장과 우엉이 고르게 볶아지면 불을 끄고 참깨를 넣는다.

## 탕수육+매운 두유 감잣국+중화 샐러드

혼자 살다 보면 중국집 전화번호를 외울 정도로 자주 시켜 먹게 되는데요. 이제 중국 음식이 당긴다면 집에서 만들어 보세요. 감잣국에 두유를 넣어 부드럽고 진하게 만든 매운 두유 감잣국, 독특한 오리엔탈 드레싱을 넣어 먹는 중화 샐러드와 함께 중국풍 식탁을 차려 보세요.

**재료**

**탕수육**

당근 50g
양파 75g
피망 1개
파프리카 20g
돼지고기 200g
소금 적당량
후춧가루 적당량
전분 적당량

양념장
케첩 2큰술
간장 1큰술
식초 2큰술
설탕 1큰술
물 3큰술
물에 푼 전분 2큰술

**매운 두유 감잣국**

감자 300g
양파 120g
마늘 1쪽
대파 1/2대
식용유 적당량
두반장 1큰술
물 1컵
두유 1컵
소금 적당량
후춧가루 적당량
고추기름 2큰술

**중화 샐러드**

상추 3장
양파 10g
토마토 75g
잣 10개~15개

드레싱
간장 3큰술
식초 3큰술
참기름 1큰술
소금 적당량
후추 1/3작은술
설탕 1작은술

## 탕수육

1 당근, 양파, 피망, 파프리카는 먹기 좋은 크기로 잘라 뜨거운 기름에서 1~2분 튀긴다.
2 돼지고기는 먹기 좋은 크기로 잘라 소금, 후춧가루를 뿌리고 전분을 입혀 기름에 튀긴다.
3 프라이팬에 전분을 제외한 양념장 재료를 넣는다.
4 3이 끓으면 물에 푼 전분으로 농도를 맞추어 1, 2의 재료를 넣고 골고루 버무린다.

## 매운 두유 감잣국

1. 감자는 껍질을 벗겨 팔 등분하고 양파도 비슷한 크기로 준비한다.
2. 냄비에 식용유를 두르고 곱게 다진 마늘과 대파를 넣고 중불에서 볶다가 두반장을 넣고 1분 정도 더 볶는다. 여기에 물을 1컵 붓고 1의 재료를 넣어 뚜껑을 덮고 끓인다.
3. 물이 거의 졸면 두유를 넣고 약불에서 끓인다. 끓기 시작하면 소금과 후춧가루를 넣고 바로 불을 끈다.
4. 그릇에 담고 고추기름을 뿌린다.

## 중화 샐러드

1. 상추는 깨끗하게 씻어서 손으로 찢고 양파는 얇게 채 썰어 찬물에 5분 정도 담가 둔다. 토마토는 먹기 좋은 크기로 자른다.
2. 분량의 드레싱 재료를 섞는다.
3. 그릇에 1의 야채를 담고 잣을 올린 후, 먹기 직전에 2의 드레싱을 올린다.

# 스테이크+카프레제 냉수프+크레송 샐러드

갑자기 스테이크가 먹고 싶은 날, 비싼 스테이크 하우스를 가시나요? 그 돈으로 질 좋은 고기를 구입해서 집에서 즐겨 보세요. 심플하게 구운 스테이크와 바질 향 가득한 카프레제 냉수프, 쌉쌀한 맛이 일품인 크레송 샐러드로 럭셔리한 식탁이 완성됩니다.

## 재료

### 스테이크

소고기(스테이크용) 200g
소금 2작은술
후춧가루 1작은술
올리브유 1작은술
버터 1작은술

### 카프레제 냉수프

미니 토마토 5개
물 1컵
콘소메 1/2조각
바질 5장
원형 모짜렐라 치즈 5개
소금 1/3작은술
후춧가루 적당량

### 크레송 샐러드

크레송 50g
파프리카(노란색) 10g
래디시 1개

드레싱

갈은 양파 1큰술
올리브유 1큰술
식초 1큰술
설탕 1작은술
소금 1/4작은술
후춧가루 적당량

## 스테이크

1  소고기는 실온에서 해동해 소금과 후춧가루를 뿌려 밑간한다.
2  프라이팬에 올리브유를 적당량 두르고 1의 고기를 올려 취향에 따라 익은 정도를 조절한다.
3  고기가 구워지면 불을 끄고 버터를 넣은 후, 2~3분 그대로 둔다.
4  3의 고기를 먹기 좋은 크기로 자르거나 그대로 접시에 담는다.

## 카프레제 냉수프

1 미니 토마토는 뜨거운 물에 30초 정도 데친 후에 찬물에 넣어 껍질을 벗긴다.
2 분량의 물에 콘소메를 넣어 콘소메가 녹을 때까지 끓인다. 콘소메가 녹으면 차게 식힌다.
3 그릇에 원형 모짜렐라 치즈와 1의 미니 토마토 넣고 재료가 잠길 정도로 2의 콘소메를 넣는다.
4 바질 잎을 올려 마무리한다.

## 크레송 샐러드

1 분량의 드레싱 재료는 모두 섞어 15분 정도 실온에서 숙성시킨다.
2 크레송과 파프리카는 깨끗하게 씻어 물기를 제거한 후, 3~5cm 길이로 자르고 래디시는 얇게 썰어 둔다.
3 2의 야채는 볼에 담아 잘 섞은 후, 1의 드레싱을 넣는다.

## 카라아게+쑥갓 시저 샐러드+우엉 참깨 조림

일본식 닭튀김을 카라아게라고 하는데요. 카라아게에 쑥갓으로 만든 향긋한 시저 샐러드, 고소한 우엉 참깨 조림을 곁들이면 동양적인 밥상이 완성됩니다. 카라아게는 도시락 반찬으로도 좋아 도시락을 싸서 다니는 직장인에게도 좋은 메뉴입니다.

**재료**

### 카라아게

닭(허벅지) 100g
다진 생강 1/3작은술
밀가루 1큰술
달걀 흰자 2큰술
레몬 1조각

**양념장**
다진 마늘 1/3작은술
간장 1작은술
우스터 소스 1작은술
설탕 1/2작은술
청주 1작은술
후춧가루 적당량

### 쑥갓 시저 샐러드

쑥갓 50g
삶은 달걀 1개
크루통 1큰술
후춧가루 적당량

**드레싱**
마요네즈 1큰술
식초 1작은술
파마산 치즈 1큰술

### 우엉 참깨 조림

우엉 75g
참깨 1큰술

**조림장**
간장 1큰술
미림 1큰술
설탕 1/2작은술

## 카라아게

1 닭은 지방이 있는 부분을 떼고 먹기 좋은 크기로 자른다.
2 1의 닭에 분량의 양념장 재료를 잘 섞어 간이 배어 들게 한다.
3 2에 밀가루와 달걀 흰자를 넣고 반죽을 한다.
4 175도의 기름에 닭을 한 조각씩 넣으면서 노릇하게 튀긴다.
5 튀긴 닭은 키친 페이퍼에 올려 여분의 기름기를 뺀 후에 레몬과 함께 곁들인다.

## 쑥갓 시저 샐러드

1. 쑥갓은 깨끗하게 씻어 5cm 길이로 자른다. 달걀은 삶아 육 등분한다.
2. 분량의 재료를 섞어 드레싱을 만든다.
3. 그릇에 쑥갓을 깔고 달걀과 크루통을 올리고 2의 드레싱을 뿌린 후 취향에 따라 후춧가루를 적당량 뿌려 마무리한다.

## 우엉 참깨 조림

1. 우엉은 5cm 길이로 잘라 길게 사 등분한다.
2. 분량의 재료로 조림장을 만든다.
3. 냄비에서 1의 우엉을 2~3분 데치다가 물을 모두 버리고 2의 조림장을 넣어 조린다. 조림장이 졸면 불을 끄고 참깨를 넣어 골고루 버무린다.

육류와 해산물 당기는 날

## 치킨 데리야키+아스파라거스 수프+토마토 머스터드 샐러드

일식을 좋아하는 분이라면 바삭한 치킨 구이에 타르타르 드레싱을 듬뿍 올려 먹는 치킨 데리야키를 추천합니다. 만들기도 간단하고 맛도 좋아요. 치킨 데리야키와는 깔끔한 아스파라거스 수프와 꿀이 들어가 달달한 토마토 머스터드 샐러드가 잘 어울립니다.

### 재료

#### 치킨 데리야키

감자 200g
버터 1/2작은술
소금 적당량
닭(허벅지) 200g
식용유 1큰술
시금치 2줄기
후춧가루 적당량

##### 타르타르 드레싱

삶은 달걀 1개
오이 피클 2개
다진 양파 1큰술
마요네즈 2큰술
소금 적당량
후춧가루 적당량

##### 조림장

간장 3큰술
미림 3큰술
설탕 1/2큰술

#### 아스파라거스 수프

양파 50g
고형 치킨 스톡 1조각
아스파라거스 5개
물 3컵
식용유 적당량
소금 1/3작은술
후춧가루 적당량

#### 토마토 머스터드 샐러드

토마토 1개
양파 30g

##### 드레싱

꿀 1작은술
씨겨자 1/2작은술
소금 1/5작은술

## 치킨 데리야키

1. 감자는 삶거나 쪄서 덩어리 없이 으깨어 버터, 소금을 넣고 잘 섞는다.
2. 삶은 달걀과 오이 피클, 양파는 잘게 다지고 분량의 타르타르 드레싱 재료와 골고루 섞는다.
3. 닭은 손질한 후 후춧가루를 뿌려 재어 둔다.
3. 달군 프라이팬에 식용유를 두르고 3의 닭을 껍질이 바삭해질 때까지 노릇하게 굽는다. 잘 구워지면 물을 붓고 뚜껑을 덮어 속까지 확실하게 익힌 후에 분량의 조림장 재료를 넣고 조린다.
4. 조림장이 졸면 닭을 먹기 좋은 크기로 잘라 접시에 담고 1의 감자와 타르타르 드레싱을 곁들인다.

육류와 해산물 당기는 날

### 아스파라거스 수프

1. 식용유를 두른 냄비에 잘게 다진 양파를 중불에서 천천히 볶는다.
2. 1에 물을 붓고 고형 치킨 스톡을 넣고 끓인다.
3. 아스파라거스는 두꺼운 껍질을 필러로 벗긴 후에 1cm 길이로 어슷하게 썬다.
4. 2가 끓기 시작하면 3의 아스파라거스를 넣고 소금과 후춧가루로 간을 하고 그릇에 담는다.

### 토마토 머스터드 샐러드

1. 토마토는 팔 등분하고 양파는 잘게 잘라 둔다.
2. 분량의 드레싱 재료를 모두 섞는다.
3. 1에 2의 드레싱을 섞어 마무리한다.

## 두부 햄버그 스테이크+어니언 수프+어니언 토마토 마리네

부드러운 두부와 닭고기로 만든 누구나 부담없이 즐기는 두부 햄버그 스테이크. 간장 베이스로 만든 양념장과 갈아서 넣은 무 덕분에 단조롭지 않은 맛을 선사합니다. 양파의 단맛을 최대한 이끌어 낸 어니언 수프와도 잘 어울립니다.

**재료**

두부 햄버그 스테이크

두부 100g
양파 75g
간 닭고기 50g
빵가루 1큰술
소금 1/5작은술
후춧가루 적당량
식용유 적당량
물에 푼 전분 1큰술
수경채 1줄기
간 무 1큰술
연근칩 2~3장

양념장

간장 2큰술
미림 2큰술
물 3큰술

어니언 수프

양파 250g
버터 1큰술
물 4컵
고형 수프 1조각
소금 1/2작은술
후춧가루 적당량
피자용 치즈 2큰술

어니언 토마토 마리네

양파 300g
방울토마토 150g
햄(샌드위치용) 3장
파슬리 적당량

드레싱

올리브유 2큰술
식초 1큰술
소금 1/3작은술
설탕 적당량
후춧가루 적당량

## 두부 햄버그 스테이크

1 두부는 물기를 빼고, 양파는 잘게 다진다.
2 식용유를 두른 프라이팬에 잘게 다진 양파를 약불에서 볶는다.
3 볼에 1의 두부와 간 닭고기, 2의 볶은 양파, 빵가루, 소금, 후춧가루를 넣고 치대어 동그랗게 반죽한다.
4 프라이팬에 식용유를 두르고 3의 반죽을 앞뒤로 노릇하게 굽는다. 잘 구워지면 물을 반 컵 붓고 뚜껑을 덮어 속까지 확실히 익힌다.
5 작은 냄비에 분량의 양념장 재료를 넣어 끓기 시작하면 물에 푼 전분을 조금씩 넣어 가면서 농도를 맞춘다.
6 수경채를 흐르는 물에 깨끗하게 씻어 물기를 제거하고 5cm 길이로 자른다.
7 접시에 4의 스테이크를 올리고 5의 소스를 뿌린 후 간 무와 쪽파를 약간 올리고 수경채와 연급칩을 곁들여 낸다

## 어니언 수프

1 양파는 세로로 얇게 썬다.
2 냄비에 분량의 버터를 녹인 후, 1의 양파를 넣고 중불에서 10분 정도 볶는다.
3 양파가 충분히 볶아지면 물과 고형 수프 조각을 넣어 강불에서 끓인다.
4 3에 소금, 후춧가루를 넣고 골고루 섞어 그릇에 담고 취향에 따라 피자용 치즈를 올린다.

## 어니언 토마토 마리네

1 양파는 가로로 얇게 썬다. 토마토는 꼭지를 떼어 세로로 팔 등분하고 햄은 가늘게 채 썬다.
2 분량의 드레싱 재료는 모두 섞는다.
3 볼에 1, 2를 모두 넣어 잘 버무린다.
4 취향에 따라 파슬리를 올린다.

## 닭 날개 조림+새우 두부 수프+오이 미역 샐러드

콜라겐 가득한 닭 날개 조림은 발라 먹는 재미도 있어요. 삶은 달걀과 함께 단백질 보충에는 더할 나위 없이 좋은 요리입니다. 타이 스타일로 만든 새우 두부 수프와 상큼하게 입맛을 잡아 줄 오이 미역 샐러드로 든든한 한 끼를 준비하세요.

**재료**

### 닭 날개 조림

닭 날개 4~5개
달걀 1개

조림장
물 1 1/2컵
간장 3큰술
미림 3큰술
설탕 1/2큰술
생강 1톨

### 새우 두부 수프

새우 6마리
마늘 1/2쪽
생강 1/2톨
숙주 50g
물 2 1/2컵
미림 작은술
치킨 스톡 1조각
소금 적당량
후춧가루 적당량
연두부 1/2모
참나물 3줄기
참기름 1작은술

### 오이 미역 샐러드

미역 10g
오이 50g
양파 30g

양념
소금 1/4작은술
참기름 1큰술
고춧가루 1/4작은술
참깨 적당량

## 닭 날개 조림

1. 달걀은 삶아서 껍질을 벗기고 생강은 얇게 저민다.
2. 냄비에 분량의 조림장 재료를 넣고 끓기 시작하면 1의 달걀을 넣는다.
3. 뚜껑을 덮고 중불에서 뭉근하게 10~15분 조린다.
3. 먹기 좋은 크기로 달걀을 잘라 닭 날개와 함께 그릇에 올린다.

## 새우 두부 수프

1. 새우는 껍질을 벗겨 등을 갈라 내장을 제거하고 소금, 후춧가루로 밑간한다.
2. 잘게 다진 마늘과 생강, 숙주를 함께 넣어 볶는다. 숙주가 투명해지면 1의 새우를 넣고 볶다가 물, 미림, 치킨 스톡을 넣고 끓인다. 끓으면 소금과 후춧가루를 넣는다.
3. 연두부를 먹기 좋은 크기로 잘라 2에 넣고 중불에서 끓인다.
4. 그릇에 3을 보기 좋게 담고 참나물을 넣는다.
5. 취향에 따라 참기름을 올린다.

## 오이 미역 샐러드

1. 미역은 물에 불려 물기를 꼭 짜서 준비한다. 오이는 반달썰기 한다. 양파는 가로로 얇게 썰어 찬물에 5분 이상 담가 두었다가 건져 물기를 뺀다.
2. 분량의 양념 재료를 모두 섞는다.
3. 1의 재료, 2의 양념을 볼에 담아 골고루 섞어 마무리한다.

## 흰살 생선 머스터드 구이+토마토 오이 샐러드+당근 마요 조림

보통 혼자 살면 생선 요리는 잘 하지 않는데 보들보들한 생선에 머스터드 소스를 듬뿍 발라서 구워 더 맛있는 흰살 생선 머스터드 구이에 한번 맛 들이면 계속 찾게 됩니다. 심플하면서도 개운한 토마토 오이 샐러드와 당근 마요 조림과도 잘 어울리는 메인 요리입니다.

### 재료

**흰살 생선 머스터드 구이**

흰살 생선(스테이크용) 1조각
소금 적당량
후춧가루 적당량

*머스터드 소스*
마요네즈 1작은술
씨겨자 1/3작은술
설탕 적당량

**토마토 오이 샐러드**

미니 토마토 5개
오이 40g

*드레싱*
올리브유 2큰술
화이트 비네거 2큰술
설탕 1작은술
소금 1/3작은술
후춧가루 적당량

**당근 마요 조림**

당근 70g
소금 1/2작은술
마요네즈 1작은술

## 흰살 생선 머스터드 구이

1 생선에 소금, 후춧가루를 뿌려 둔다.
2 분량의 머스터드 소스 재료를 모두 섞는다.
3 그릴에 1의 생선을 올리고 2의 소스를 골고루 펴 바른 후에 10~15분 노릇하게 굽는다.

육류와 해산물 당기는 날

## 토마토 오이 샐러드

1. 미니 토마토는 꼭지를 떼고 사 등분한다. 오이는 반으로 갈라 0.3cm 두께로 어슷하게 썬다.
2. 분량의 드레싱 재료를 모두 섞는다.
3. 1과 2의 드레싱을 골고루 섞어 그릇에 담는다.

## 당근 마요 조림

1. 당근은 껍질을 벗겨 0.5cm 두께로 잘라 분량의 소금을 넣어 3~4분 정도 데친다. 당근이 부드러워지면 물을 모두 버리고 가열해서 여분의 수분을 증발시킨다.
2. 불을 끄고 마요네즈를 넣고 버무린다.

## 두부 베이컨 말이+연근 버섯국+가자미조림

가자미 본연의 담백함을 그대로 즐길 수 있는 가자미 조림은 가자미도 맛있지만 푹 조린 무가 별미입니다. 개운하면서도 맑은 연근 버섯국과 가쓰오부시를 입힌 두부 베이컨 말이도 혼자만의 식사에 든든한 동반자가 될 거예요.

### 재료

**두부 베이컨 말이**

베이컨 3장
판두부 1/2모
고운 가쓰오부시 6g
식용유 적당량
밀가루 1큰술
물 1큰술
간장 1큰술
간 생강 1/2작은술
무순 적당량

**연근 버섯국**

연근 60g
식초 적당량
표고버섯 2장
가쓰오부시 맛국물 3컵
소금 1작은술
후춧가루 1/2작은술
쪽파 2대

**가자미조림**

가자미 150g
무 200g

**양념장**

간장 4큰술
설탕 1/2큰술
미림 4큰술
물 4큰술
생강 1톨

# 두부 베이컨 말이

1 베이컨은 반으로 자른다. 두부는 육 등분해 키친 페이퍼에 올려 물기를 제거한다. 가쓰오부시는 손으로 비벼서 곱게 가루를 만든다.
2 밀가루는 물과 함께 골고루 섞어 풀을 만든다.
3 1의 두부에 2의 밀가루 풀을 묻혀 베이컨으로 만다. 여기에 다시 밀가루 풀을 입혀서 가쓰오부시를 입힌다.
4 달군 프라이팬에 식용유를 두르고 이음새를 아래로 하여 3의 두부를 앞뒤로 각각 2~3분씩 굽는다. 양면이 노릇하게 구워지면 간장을 뿌려 골고루 묻힌 후에 불을 끈다.
5 두부는 접시에 담아 간 생강을 약간씩 올리고 무순을 곁들인다.

## 연근 버섯국

1  식초를 탄 물에 껍질 벗긴 연근을 5분 정도 담가 둔다. 표고버섯은 밑둥을 떼고 사 등분한다.
2  가쓰오부시 맛국물이 끓기 시작하면 1의 재료를 넣고 2~3분 끓이다가 소금과 후춧가루를 넣는다.
3  불을 끄고 0.5cm 길이로 자른 쪽파를 넣는다.

## 가자미조림

1  손질한 가자미는 등에 칼집을 넣고 뜨거운 물을 앞뒤로 부어 준다.
2  무는 2cm 두께로 잘라 껍질을 두껍게 벗겨 끓는 물에서 데친다.
3  냄비에 양념장을 넣고 끓기 시작하면 1의 가자미와 2의 데친 무를 넣고 중불에서 뚜껑을 덮고 15~20분간 조린다.

육류와 해산물 당기는 날

## 오징어 볶음+어묵 국+감자전

화끈하게 매운 오징어 볶음은 밥 위에 올려 먹어도, 소면과 함께 먹어도 맛있습니다. 스테미너에 좋은 오징어를 매콤하게 볶아 먹으면 몸의 피로도 풀리고 스트레스도 한방에 날려 버릴 수 있어요. 매운 입을 달래 주는 시원한 어묵 국과 쫀득한 감자전을 곁들여 하루의 피로를 풀어 보세요.

**재료**

**오징어 볶음**

오징어 1마리
당근 60g
양배추 2장
양파 75g
소금 적당량
식용유 적당량
청양고추 1개
소면 1묶음
부추 3줄기
참깨 1큰술

**양념장**
마늘 2쪽
고추장 1 1/2큰술
설탕 1큰술
참기름 1큰술
후춧가루 1작은술
고춧가루 1/2큰술
참깨 1큰술

**어묵 국**

어묵 200g
무 50g
대파 1/2대
마늘 2쪽
멸치 맛국물 3컵
소금 1작은술
후춧가루 1/3작은술

**감자전**

감자 300g
당근 50g
양파 120g
부추 5줄기
소금 적당량

**양념장**
간장 4큰술
식초 4큰술
고춧가루 1큰술
다진 마늘 1작은술
다진 대파 1큰술
설탕 1작은술
참기름 1큰술
참깨 1큰술

## 오징어 볶음

1 오징어는 내장을 제거하고 먹기 좋은 크기로 자른다.
2 당근, 양배추, 양파는 오징어와 비슷한 크기로 자른다.
3 마늘은 다져서 모든 양념과 함께 골고루 섞어서 양념장을 만든다.
4 끓는 물에 소금을 넣어 1의 오징어를 30초간 데쳐 물기를 뺀다.
5 프라이팬에 식용유를 1작은술 두르고 양파, 당근을 볶다가 부드러워지면 4의 데친 오징어와 양배추, 송송 썬 청양고추를 넣고 볶는다. 여기에 3의 양념장을 모두 붓고 볶는다.
6 양념이 어느 정도 배면 불을 끄고 부추를 넣고 다시 한번 잘 뒤적인다.
7 소면을 삶아 6과 함께 그릇에 담아 참깨를 살짝 뿌린다.

육류와 해산물 당기는 날

## 어묵 국

1. 어묵은 먹기 좋은 크기로 자르고 무는 나박하게 썬다. 대파는 어슷하게 썰고 마늘은 곱게 다진다.
2. 냄비에 멸치 맛국물을 붓고 끓으면 무와 마늘을 먼저 넣는다. 무가 투명해지면 자른 어묵과 대파를 넣고 소금, 후춧가루로 간을 한 후에 한소끔 끓으면 불을 끈다.

## 감자전

1. 감자는 강판에 곱게 갈아서 체에 즙을 내린다. 감자 즙은 전분과 수분이 분리되면 물은 버리고 남은 전분은 감자와 함께 볼에 담는다.
2. 1의 감자에 채 썬 당근, 양파, 5cm 길이 부추, 소금을 적당량 넣어 반죽을 만든다. 프라이팬에 반죽을 조금씩 올려 노릇하게 굽는다.
3. 취향에 따라 양념장도 함께 낸다.

육류와 해산물 당기는 날

## 생태 두붓국+뚝배기 달걀찜+어묵 볶음

쌀쌀해지면 생각나는 얼큰한 생태 두붓국. 추운 날씨에 먹으면 몸을 후끈 데워 주는 겨울철 효자 메뉴입니다. 생태 두붓국과 함께 호호 불어 먹는 포근한 뚝배기 달걀찜과 국민 반찬인 어묵 볶음을 만들어 올 겨울 추위도 씩씩하게 이겨 보세요.

### 재료

**생태 두붓국**

생태 2조각
두부 35g
무 5cm
마늘 1/2쪽
고춧가루 1큰술
고추장 1작은술
물 3컵
소금 1/2작은술
후춧가루 적당량
대파 1/3대
쑥갓 적당량

**뚝배기 달걀찜**

달걀 2개
소금 1/2작은술
다진 대파 1큰술
다진 당근 1/2큰술
참깨 1작은술

**어묵 볶음**

판어묵 1장
양파 50g
청양고추 1개
식용유 적당량
간장 1/2큰술
설탕 1/3작은술
참기름 1작은술

## 생태 두붓국

1  생태는 먹기 좋은 크기로 잘라 준비한다.
2  두부는 먹기 좋은 크기로 자르고 무는 나박하게 썬다.
3  냄비에 물이 끓기 시작하면 2의 무와 다진 마늘을 넣고 끓이다가 무가 투명해지면 생태와 두부를 넣는다. 여기에 고춧가루와 고추장을 넣고 중불에서 5분 더 끓인다.
4  생태가 익으면 소금, 후춧가루를 넣고 간을 맞추고 어슷하게 썬 대파를 넣고 1분 더 끓이다가 불을 끄고 쑥갓을 올린다.

## 뚝배기 달걀찜

1. 달걀과 소금을 섞어 잘 풀어 준다. 여기에 다진 대파, 당근, 참깨를 넣고 잘 섞는다.
2. 뚝배기에 1을 넣고 가열하다가 테두리 부분이 익기 시작하면 뚜껑을 덮어 약불에서 7~8분간 찐다.

## 어묵 볶음

1. 어묵은 1cm폭으로 자른다. 양파는 가늘게 채 썰고 청양고추는 어슷하게 썬다.
2. 식용유를 두른 프라이팬에 양파를 볶는다.
3. 2에 어묵과 청양고추를 넣고 2분 정도 더 볶다가 간장과 설탕을 넣고 재빠르게 뒤섞는다.
4. 마지막에 불을 끄고 참기름을 넣어 마무리한다.

## 토란국+연어 구이+톳 조림

토란국은 보통 추석에 먹지만 토란을 좋아하는 사람은 1년 내내 언제 먹어도 좋은 메뉴입니다. 푹 끓여서 진한 소고기 육수에 무와 다시마를 넣어 시원하게 만든 토란국에 영양가 많은 연어 구이, 철분 함량이 미역의 두 배 이상인 톳을 이용한 톳 조림을 곁들여 보세요.

### 재료

**토란국**

토란 200g
무 200g
마늘 1쪽
대파 1/2대
소고기(국거리용) 200g
다시마 1장
물 5컵
소금 1작은술
간장 1작은술
후춧가루 적당량

**연어 구이**

연어(구이용) 1조각
소금 적당량
무 20g

**톳 조림**

톳 100g
당근 40g
유부 1장
식용유 적당량
참기름 적당량

조림장
간장 2큰술
미림 2큰술
설탕 1작은술

## 토란국

1 토란은 껍질을 벗겨 끓는 물에서 6~7분 데쳐 찬물로 헹구어 먹기 좋은 크기로 썬다. 무는 껍질을 돌려깎아 나박하게 썬다. 마늘은 다지고, 대파는 어슷하게 썰어 준비한다.
2 냄비에 물이 끓기 시작하면 소고기를 덩어리 상태로 넣고 떠오르는 부유물은 국자로 깔끔하게 떠낸다.
3 2에 가위로 적당하게 자른 다시마를 넣고 15분간 끓인다.
4 소고기는 건져 내 한입 크기로 잘라 토란, 무, 마늘과 함께 3에 다시 넣고 10분 정도 더 끓인다.
5 충분히 끓으면 어슷하게 썬 대파와 소금, 간장과 후춧가루를 넣는다.

육류와 해산물 당기는 날

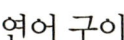
연어 구이

1 연어에 소금을 골고루 뿌려서 10분 정도 재운다.
2 식용유를 묻힌 키친 페이퍼로 생선구이용 그릴(또는 석쇠)에 기름을 골고루 바르고 달군다.
3 그릴이 달구어지면 1의 연어는 물기를 가볍게 닦고 그릴에 올려 노릇하게 굽는다.
4 무는 강판에 갈아 물기를 뺀 후에 연어와 곁들인다.

톳 조림

1 톳은 물에 불려 먹기 좋은 길이로 자른다. 당근과 유부는 채를 썬다.
2 식용유를 두른 프라이팬에 당근을 볶다가 유부를 넣고 볶는다. 여기에 1의 톳을 넣고 2분간 더 볶는다.
3 분량의 재료로 조림장을 만든다.
4 재료가 잘 볶아지면 3의 조림장을 넣어 반 정도로 줄어들 때까지 졸인다.
5 참기름을 넣어 마무리한다.

육류와 해산물 당기는 날

## 삼선 짬뽕 밥+야채 절임+대파 구이

중국집에서 자주 배달해 먹는 삼선 짬뽕 밥. 이젠 집에서 즐겨 보세요. 중국집에서 주문해 먹는 것보다 백배는 더 맛있게 만드실 수 있습니다. 얼큰하고 시원하고 개운한 나만의 짬뽕. 입가심에 좋은 야채 절임과 대파 구이는 서비스!

**재료**

### 삼선 짬뽕 밥

오징어 30g
대하 1마리
홍합 3개
양파 50g
양배추 2장
당근 10g
물 3컵
소금 1/2작은술
홍고추 1개
계란 1개
밥 1공기
후추 1작은술
고춧가루 1큰술
대파 1/2대
당면 5g
식용유 적당량

### 야채 절임

오이 50g
무 3cm
식초 4큰술

절임액
설탕 1/2큰술
소금 1/2작은술
다시마 1조각

### 대파 구이

대파 1/2대
간장 2큰술
식용유 적당량

## 삼선 짬뽕 밥

1. 5cm 길이로 썬 대파와 고춧가루를 식용유를 두른 냄비에 넣어 중불에서 볶는다.
2. 오징어, 대하, 홍합은 깨끗하게 손질해 먹기 좋은 크기로 썬다. 양파는 얇게 썰고, 양배추와 당근은 큼지막하게 썬다.
3. 2의 재료를 모두 넣어 볶다가 물을 넣는다. 끓으면 소금으로 간을 한 후, 어슷하게 썬 홍고추를 넣어 1~2분 더 끓인다.
4. 3에 달걀을 풀어 넣어 가볍게 젓는다.
5. 당면을 삶아 준비한다.
6. 그릇에 따뜻한 밥과 삶은 당면을 올린 후에 4를 붓는다.

 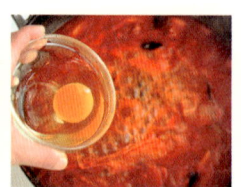 

## 야채 절임

1. 냄비에 분량의 절임액 재료를 넣어 설탕과 소금이 녹을 정도로 가열한다.
2. 먹기 좋은 크기로 자른 오이와 무를 1에 넣어 냉장고에서 차게 식혀 먹는다.

## 대파 구이

1. 대파는 5cm 길이로 썬다.
2. 식용유를 두른 프라이팬에서 1의 대파를 골고루 굽는다.
3. 대파가 골고루 구워지면 간장을 넣고 30초 정도 살짝 졸인다.

PART 3 여유로운 브런치 즐기는 날

매일 집밥을 차려 먹기 힘든 싱글이라도 여유로운 주말에는

조금만 부지런 떨면 레스토랑 못지않은 훌륭한 집밥을 차릴 수 있습니다.

느지막이 일어나 기분 좋은 음악을 틀어 놓고 요리하는 그 시간이 가장 행복합니다.

# 크램 차우더 + 미트 소스 스파게티 + 브로콜리 샐러드

여유로운 휴일. 느지막히 일어나 나를 위한 음식을 준비해 보세요. 누구나 좋아하는 미트 소스 스파게티와 감칠맛 나는 크램 차우더, 그리고 세계 10대 권장 식품인 브로콜리와 아보카도를 동시에 즐길 수 있는 샐러드까지, 나만을 위한 휴일 브런치로 손색 없어요.

**재료**

### 크램 차우더

감자 50g
당근 40g
양파 70g
바지락 살 50g
소금 1/2작은술
베이컨 1장
완두콩 1큰술
물 2컵
콘소메(과립) 1/2작은술
버터 1큰술
밀가루 1큰술
후춧가루 적당량
우유 1/2컵

### 미트 소스 스파게티

마늘 1쪽
양파 75g
간 고기(소:돼지=5:5) 50g
토마토 통조림 1캔
물 1/4컵
콘소메(과립) 1작은술
소금 1/2작은술
후춧가루 적당량
오레가노 1/3작은술
스파게티 면 1인분
파마산 치즈 적당량

### 브로콜리 샐러드

브로콜리 70g
양파 30g
아보카도 100g
아몬드 4~5개

드레싱
마요네즈 2큰술
레몬 즙 1작은술
올리브유 1작은술
소금 1/4작은술
후춧가루 적당량

## 크램 차우더

1. 감자와 당근, 양파는 1×1cm 크기로 깍뚝 썬다. 바지락은 소금물에 씻어 물기를 빼고 베이컨은 2cm 길이로 자른다.
2. 식용유를 두른 냄비에 1의 재료를 중불에서 볶는다. 감자가 어느 정도 익으면 바지락, 베이컨, 완두콩을 넣고 2~3분 더 볶는다. 여기에 분량의 물을 넣어 끓이다가 끓기 시작하면 콘소메를 넣고 10분 정도 더 끓인다.
3. 실온에서 녹인 버터에 밀가루를 넣고 덩어리가 보이지 않을 때까지 섞어서 루를 만든다.
4. 2에 소금과 후춧가루를 넣고 3의 루를 1작은술씩 넣어 잘 풀면서 농도를 맞춘다.
5. 루가 걸쭉해지면 우유를 넣고 끓이다가 끓어오르면 불을 끈다.

## 미트 소스 스파게티

1. 마늘과 양파는 다진다.
2. 프라이팬에 간 고기, 1의 재료를 넣고 중불에서 천천히 볶는다.
3. 2가 충분히 볶아지면 토마토 통조림, 물, 콘소메를 넣고 약불에서 끓인다.
4. 3이 1/3정도 줄면 소금과 후춧가루, 오레가노를 넣고 2~3분 약불에서 졸인다.
5. 스파게티 면을 삶아 4에 넣고 버무린 후에 접시에 올리고 치즈를 뿌린다.

## 브로콜리 샐러드

1. 손질한 브로콜리는 소금물에 2분 정도 데쳐 물기를 빼고 양파는 얇게 썰어 찬물에 5분간 담아 둔다. 아보카도는 반으로 잘라 씨를 뺀 후에 속을 파내어 포크로 으깬다.
2. 볼에 으깬 아보카도와 드레싱 재료를 모두 넣는다.
3. 2에 양파와 데친 브로콜리를 넣고 골고루 버무린다.
4. 잘게 다진 아몬드를 뿌려 마무리한다.

## 봉골레 시금치 스파게티+토마토 빈즈 스튜+파프리카 마리네

이태리 레스토랑을 가면 보통 토마토 소스나 크림 소스 베이스 스파게티를 먹곤 하잖아요. 집에서는 과감하게 봉골레 스파게티에 도전해 보세요. 여러 가지 콩이 가득 들어간 토마토 빈즈 스튜와 아삭한 파프리카 마리네와 함께 말이죠.

### 재료

**봉골레 시금치 스파게티**

시금치 1/4단
마늘 1쪽
스파게티 면 1인분
바지락 1/2팩
청주(또는 화이트 와인) 1/2컵
올리브유 1큰술
소금 1/3작은술
후춧가루 적당량

**토마토 빈즈 스튜**

양파 40g
셀러리 10cm
물 1/2컵
홀토마토 통조림 1캔
믹스 콩 1/2컵
소금 1/2작은술
후춧가루 적당량

**파프리카 마리네**

파프리카(빨강) 1/6개
파프리카(노랑) 1/6개

*드레싱*
올리브유 1큰술
식초 1큰술
설탕 1작은술
소금 1/3약간
후춧가루 적당량

## 봉골레 시금치 스파게티

1 시금치는 깨끗하게 씻어 10cm 길이로 자른다.
2 프라이팬에 올리브유를 두르고 다진 마늘을 약불에서 천천히 볶는다. 여기에 깨끗하게 해감한 바지락을 넣고 입이 살짝 벌어질 정도로 볶는다. 청주를 붓고 뚜껑을 덮어 2~3분 더 끓인다.
3 소금과 후춧가루를 넣는다.
4 3에 삶은 스파게티 면과 시금치를 넣고 시금치가 살짝 숨이 죽을 정도로 볶는다.

### 토마토 빈즈 스튜

1  양파는 잘게 다지고 셀러리는 얇고 어슷하게 썬다.
2  냄비에 식용유를 1작은술 두르고 1의 재료를 중약불에서 천천히 볶는다.
3  양파가 갈색이 돌 정도로 볶아지면 물과 홀토마토 통조림, 믹스 콩을 넣고 끓인다.
4  한소끔 끓으면 소금, 후춧가루를 넣어 마무리한다.

### 파프리카 마리네

1  파프리카는 속을 파내고 3cm 길이로 잘라 준비한다.
2  분량의 드레싱 재료는 모두 섞는다.
3  1에 2의 드레싱을 넣고 골고루 버무려 냉장고에서 20분간 재운 후 먹는다.

## 치킨 크림 수프+스페인식 오믈렛+오렌지 샐러드

주말에는 내 영혼을 울릴 따뜻한 닭고기 수프, 어떠세요? 치킨 크림 수프는 취향에 따라 여러 가지 재료로 만들 수 있는 마법 같은 요리입니다. 좋아하는 야채는 물론 고기, 해산물을 넣어도 맛있어요. 도톰하게 만든 스페인식 오믈렛과 상큼한 오렌지 샐러드도 주말의 기분을 한층 좋게 만들어 줍니다.

**재료**

### 치킨 크림 수프

닭(허벅지살) 200g
감자 100g
당근 70g
양파 120g
식용유 적당량
콘소메(고형) 1조각
버터 2큰술
밀가루 2큰술
물 2컵
소금 1/2큰술
후춧가루 적당량
우유 1컵
브로콜리 70g

### 스페인식 오믈렛

시금치 2줄기
치즈 30g
슬라이스 햄 2장
삶은 감자 100g
달걀 4개
파마산 치즈 1큰술
식용유 적당량

### 오렌지 샐러드

오렌지 200g
새싹 채소 30g

**드레싱**

소금 적당량
후춧가루 적당량
올리브유 1큰술

## 치킨 크림 수프

1 닭은 껍질을 벗겨 지방을 떼고 먹기 좋은 크기로 자른다. 감자와 당근, 양파도 먹기 좋은 크기로 자른다.
2 프라이팬에 식용유를 살짝 두르고 닭고기와 양파, 감자와 당근 순서로 볶는다. 여기에 물을 붓고 콘소메를 한 조각 넣어 중불에서 15~20분간 푹 끓인다.
3 실온에서 녹인 버터에 밀가루를 넣고 덩어리가 보이지 않을 때까지 섞어서 루를 만든다.
4 2의 재료가 푹 익으면 불을 줄이고 3의 루를 조금씩 넣어가면서 농도를 맞춘다. 소금과 후춧가루를 넣는다.
5 4에 우유를 넣고 끓기 시작하면 따로 데쳐 둔 브로콜리를 넣고 불을 끈다.

## 스페인식 오믈렛

1. 시금치는 데쳐서 물기를 꼭 짠 후에 2cm 길이로 준비한다. 치즈와 슬라이스 햄, 삶은 감자는 1×1cm 크기로 준비한다.
2. 달걀에 파마산 치즈, 1의 재료를 모두 넣고 잘 섞는다.
3. 식용유 두른 프라이팬에 2를 전부 부어 뚜껑을 덮은 후에 중약불에서 앞뒤를 천천히 굽는다.
4. 만든 오믈렛은 접시에 올려 먹기 좋은 크기로 자른다.

## 오렌지 샐러드

1. 오렌지는 반으로 갈라 반은 과즙을 짜고 반은 과육으로 사용한다.
2. 1의 과즙에 소금과 후춧가루를 넣고 잘 녹인 후에 올리브유를 넣고 골고루 섞어 드레싱을 만든다.
3. 깨끗이 씻어 물기를 뺀 새싹 채소를 샐러드 볼에 담고 1의 오렌지 과육을 올린 후, 먹기 직전에 2의 드레싱을 올려 마무리한다.

## 칠리 새우+가지 토마토 수프+중화 미역 샐러드

알이 통통하게 들어 있는 새우로 만든 매콤한 칠리 새우는 보기만 해도 군침이 고이는 음식입니다. 가지와 토마토로 만든 가지 토마토 수프와 첨면장이 들어가 색다르게 즐길 수 있는 중화 미역 샐러드는 중화 요리를 좋아하는 분들에게 인기 만점입니다.

**재료**

### 칠리 새우

새우(중하) 8마리
소금 적당량
후춧가루 적당량
전분 2큰술
물에 푼 전분 1큰술
참기름 1큰술
식용유 적당량

**양념**
마늘 1쪽
생강 1톨
건고추 2개
두반장 1큰술
케첩 2큰술
물 2큰술

### 가지 토마토 수프

가지 40g
토마토 50g
다진 생강 1작은술
물 2컵
치킨 스톡(고형) 1조각
소금 1/4작은술
후춧가루 1/2작은술
간장 1큰술
참기름 1큰술
참깨 1큰술

### 중화 미역 샐러드

마른 미역 5g
숙주 50g
오이 50g

**드레싱**
첨면장 1작은술
식초 1큰술
설탕 1/2큰술
다진 마늘 1/3작은술
참기름 1큰술
참깨 1큰술

## 칠리 새우

1 새우는 껍질을 벗겨 등을 갈라 내장을 제거하고 소금에 문질러 씻어 물기를 빼 둔다. 마늘, 생강은 잘게 다지고 건고추는 가늘게 잘라 준비한다.
2 1의 새우는 소금, 후춧가루로 밑간을 한 뒤에 전분을 골고루 묻혀 식용유 두른 프라이팬에서 익혀 접시에 덜어 낸다.
3 분량의 재료로 만든 양념, 2의 새우를 프라이팬에 넣고 볶는다.
4 3에 물에 푼 전분을 넣고 농도를 맞춘 후에 불을 끄고 참기름을 넣어 마무리한다.

## 가지 토마토 수프

1 가지는 반으로 갈라 1cm 폭으로 어슷하게 썬다. 토마토는 큼지막하게 깍둑썰기 한다.
2 냄비에 참기름을 두르고 다진 생강을 중불에서 볶아 향을 낸 후에 1의 가지를 넣고 함께 볶는다. 가지가 어느 정도 부드러워지면 냄비에 물을 붓고 치킨 스톡을 넣고 끓인다.
3 치킨 스톡이 다 풀어지면 1의 토마토를 넣고 소금과 후춧가루, 간장을 넣는다. 끓으면 불을 끄고 참깨를 넣는다.

## 중화 미역 샐러드

1 마른 미역은 물에 불려 물기를 빼고, 숙주는 깨끗하게 다듬어 뜨거운 물에 1분간 데쳐 찬물에 열기를 뺀 후에 물기를 빼 둔다. 오이는 반달 모양으로 썰어 준비한다.
2 볼에 분량의 드레싱 재료를 모두 담아 골고루 섞은 후에 1의 재료를 넣고 골고루 버무린다.

여유로운 브런치 즐기는 날

## 오야코동+돈지루+셀러리 절임

'오야'는 일본어로 부모, '코'는 자식을 의미합니다. 그릇 안에 부모인 닭과 자식인 달걀이 같이 들어 있다는 의미에서 오야코동이라는 덮밥이 탄생했습니다. 일본식 닭고기 덮밥인 오야코동과 돼지고기와 여러 가지 뿌리 채소가 들어간 돈지루로 완벽한 일식 밥상을 차려 보세요.

**재료**

오야코동

닭(허벅지살) 200g
양파 40g
대파 1/2대
달걀 1개
가쓰오부시 맛국물 1컵
간장 3큰술
미림 3큰술
설탕 1/2큰술
참나물 적당량

돈지루

우엉 60g
곤약 100g
당근 70g
대파 1대
돼지고기 100g
참기름 적당량
가쓰오부시 맛국물 3컵
왜된장 2큰술
칠미가루(고춧가루) 약간

셀러리 절임

셀러리 1대

절임액
가쓰오부시 맛국물 1/2컵
소금 1작은술
설탕 1작은술
식초 1큰술

## 오야코동

1 닭은 껍질을 벗기고 먹기 좋은 크기로 잘라 준비한다. 양파는 세로로 가늘게, 대파는 어슷하게 썰고 달걀은 흰자와 노른자를 완전히 섞지 않고 노른자만 살짝 터트려 준비한다.
2 깊은 프라이팬에 가쓰오부시 맛국물을 넣고 끓으면 1의 닭고기와 양파, 간장, 미림, 설탕을 넣은 후에 중불에서 닭고기가 완전히 익을 때까지 6~7분 끓인다.
3 닭고기가 익으면 대파를 넣고 1분 정도 더 끓이고 달걀을 넣는다. 프라이팬 테두리부터 달걀이 익기 시작하면 불을 끄고 뚜껑을 덮어 잔열로 달걀을 익힌다.
4 대접에 밥을 담고 3의 계란을 조심히 밥 위에 얹는다.
5 참나물을 약간 올려 마무리한다.

여유로운 브런치 즐기는 날

## 돈지루

1 우엉은 칼등으로 긁어 껍질을 벗긴 후에 연필을 깎듯이 깎아 찬물에 담가 둔다. 곤약은 먹기 좋은 크기로, 당근은 얄팍하게 자르고 대파는 동그랗게 송송 썬다. 돼지고기는 먹기 좋은 크기로 자른다.
2 냄비에 참기름을 두르고 1의 재료를 볶다가 돼지고기가 익으면 가쓰오부시 맛국물을 부어 10~12분 정도 끓인다.
3 모든 재료들이 부드러워지면 불을 끄고 왜된장을 잘 풀어 준 후, 대파를 넣고 취향에 따라 칠미가루를 조금 뿌린다.

## 셀러리 절임

1 셀러리는 0.5cm 두께로 어슷하게 썬다.
2 한 김 식힌 가쓰오부시 맛국물에 분량의 소금과 설탕을 넣고 잘 녹인 후에 식초를 넣고 잘 섞어 절임액을 만든다.
3 2의 절임액에 1의 셀러리를 넣고 냉장고에서 15~20분 정도 절인다.

여유로운 브런치 즐기는 날

## 야채 닭죽+상추 겉절이+창란젓 무침

보양식으로 좋은 야채 닭죽은 한국인이라면 누구나 친숙한 음식일텐데요. 먹고 남은 죽은 한 끼 분량씩 냉동해 두면 먹기 편리합니다. 버무려 바로 먹는 상추 겉절이와 창란젓 무침도 닭죽과 잘 어울리는 천생 연분입니다.

### 재료

**야채 닭죽**

닭 1마리
생강 2톨
마늘 5쪽
대파 1대
당근 200g
양파 150g
쌀 1컵
물 5컵
소금 1큰술
후춧가루 1/3큰술
달걀 1개
깨소금 1큰술

**상추 겉절이**

상추 100g
양파 30g

양념장
청양고추 1개
고춧가루 3큰술
간장 2큰술
설탕 1큰술
식초 3큰술
참기름 2큰술
까나리 액젓 1큰술
다진 마늘 1작은술

**창란젓 무침**

청양고추 1개
창란젓 50g
고춧가루 1작은술
참기름 1큰술
참깨 1작은술
다진 마늘 1/3작은술
설탕 1/3작은술

## 야채 닭죽

1 흐르는 물에 깨끗하게 손질한 닭을 1시간~1시간 반 정도 푹 끓인다. 여기에 얇게 저민 생강과 마늘, 5cm 길이로 자른 대파와 당근, 양파를 넣고 중불에서 1시간~1시간 반 정도 더 끓인다.
2 1에서 마늘은 건지고 나머지는 체로 거른다. 닭은 냄비에서 꺼내 고기를 발라 손으로 찢어 둔다.
3 쌀은 물에 불려 물기를 빼 둔다.
4 체로 거른 2의 육수에 3을 넣어 쌀이 퍼질 때까지 끓인다. 쌀이 퍼지기 시작하면 다진 대파 1큰술과 다진 당근 1큰술, 2에서 건져 낸 마늘을 함께 넣고 15분 정도 뭉근하게 끓인다.
5 쌀이 완전하게 퍼지면 소금과 후춧가루를 넣고 그릇에 담는다.
중앙에 달걀 노른자와 깨소금을 살짝 뿌려 마무리한다.

여유로운 브런치 즐기는 날

### 상추 겉절이

1 상추는 깨끗이 씻어 먹기 좋게 손으로 찢는다. 양파는 얇게 썰고 청양고추는 송송 썬다.
2 분량의 재료로 양념장을 만들어 1의 야채들과 골고루 버무린다.

### 창란젓 무침

1 청양고추는 잘게 다진다.
2 1의 청양고추와 나머지 재료를 골고루 섞어 마무리한다.

여유로운 브런치 즐기는 날

## 해물 잡채 덮밥+명란젓 김칫국+시금치 된장 무침

여러 가지 해물이 가득 들어간 매콤한 해물 잡채를 밥 위에 올려 먹는 해물 잡채 덮밥과 따로 간을 하지 않아도 감칠맛 좋은 명란젓 김칫국, 계속 손이 가는 시금치 된장 무침은 휴일의 브런치로 안성맞춤입니다.

**재료**

**해물 잡채 덮밥**

당면 100g
밥 1공기
건고추 2개
마늘 2쪽
당근 70g
양파 75g
해산물 모둠 100g
간장 3큰술
설탕 1큰술
고추기름 1큰술
참기름 1큰술
실고추 적당량

**명란젓 김칫국**

명란젓 100g
김치 50g
멸치 맛국물 3컵
다진 마늘 1작은술
쪽파 2뿌리
소금 적당량
후춧가루 적당량

**시금치 된장 무침**

시금치 100g

*양념장*

다진 마늘 1작은술
된장 1큰술
고춧가루 1작은술
설탕 1작은술
참기름 1큰술

## 해물 잡채 덮밥

1 당면은 삶아 물기를 빼 둔다.
2 다진 건고추와 마늘은 중불에서 볶는다. 얄팍하게 준비한 당근과 양파도 함께 볶는다.
3 해산물 모둠을 깨끗하게 손질해 2에 넣어 함께 볶는다.
4 3의 해산물이 익으면 1의 당면을 넣고 볶다가 간장, 설탕을 넣고 간을 한다. 불을 끄고 고추기름과 참기름을 넣고 골고루 뒤적인다.
5 그릇에 따뜻한 밥을 담고 4와 실고추를 올려 마무리한다.

## 명란젓 김칫국

1. 명란젓은 먹기 좋은 크기로 자르고 김치도 잘게 썰어 둔다.
2. 멸치 맛국물이 끓기 시작하면 1의 김치와 다진 마늘을 넣고 5~6분 정도 더 끓이다가 불을 줄이고 1의 명란젓을 넣고 1~2분 더 끓인다.
3. 2에 소금과 후춧가루, 송송 썬 쪽파를 올려 마무리한다.

## 시금치 된장 무침

1. 끓는 소금물에 데친 시금치를 찬물에 헹군 후, 물기를 꼭 짜서 5cm 길이로 잘라 준비한다.
2. 볼에 분량의 양념 재료를 넣고, 1의 시금치와 골고루 무친다.

여유로운 브런치 즐기는 날

## 바지락 토마토 차우더+크로켓+당근 샐러드

감자를 바삭하게 튀긴 감자 크로켓은 한 번에 많이 만들어 두고두고 먹으면 좋아요. 바지락이 가득 들어간 개성 넘치는 바지락 토마토 차우더와 달큰한 건포도, 고소한 아몬드가 들어간 당근 샐러드와 함께 우아한 휴일의 식사를 즐겨 보세요.

**재료**

**바지락 토마토 차우더**

바지락 150g
만가닥버섯 50g
양송이버섯 4개
연근 80g
양파 75g
마늘 1쪽
올리브유 적당량
토마토 통조림 200g
화이트 와인 2큰술
물 1 1/2컵
치킨 스톡 1작은술
오레가노(건조) 1/2작은술
소금 1/2작은술
후춧가루 적당량

**크로켓**

양파 120g
감자 200g
달걀 1개
소금 1작은술
후춧가루 1작은술
밀가루 2큰술
빵가루 1컵
식용유 적당량
소스 적당량

**당근 샐러드**

당근 200g
건포도 1큰술
볶은 아몬드 5개
소금 1/3작은술
파슬리 적당량

**드레싱**

소금 2/3작은술
설탕 1작은술
식초 1큰술
올리브유 1큰술

## 바지락 토마토 차우더

1 바지락은 연한 소금물에 해감하고 물기를 뺀다. 만가닥버섯은 밑동을 떼고 손으로 적당하게 찢고, 양송이버섯은 사 등분한다. 연근은 1.5cm 크기로 깍둑썰기 하여 식초를 푼 물에 5분 정도 담가 두고 양파와 마늘을 다진다.

2 올리브유를 두른 냄비에 1의 손질한 양파와 마늘을 넣고 약불에서 볶다가 마늘이 익으면 연근을 넣고 볶는다. 어느 정도 익으면 바지락과 화이트 와인을 넣고 뚜껑을 덮어 2~3분 찐다. 바지락이 입을 벌리면 모두 건진다.

3 2에 1의 버섯과 토마토 통조림, 물, 치킨 스톡을 넣고 다시 뚜껑을 덮고 10분 정도 중불에서 끓인다.

4 3에 건진 바지락, 오레가노, 소금, 후춧가루를 넣고 다시 끓어오르기 시작하면 불을 끈다.

여유로운 브런치 즐기는 날

## 크로켓

1 잘게 다진 양파는 식용유를 두른 프라이팬에서 20분 정도 볶는다.
2 감자는 찌거나 삶아 으깬 후 소금과 후춧가루를 넣어 1의 양파와 골고루 섞는다. 감자는 사 등분으로 나누어 모양을 잡은 후에 밀가루, 달걀물, 빵가루순으로 튀김옷을 입혀 약 175도의 기름에서 노릇하게 튀긴다.
3 튀긴 크로켓은 키친 페이퍼에 올려 기름기를 제거한다.
4 취향에 따라 샐러드나 소스와 함께 먹는다.

## 당근 샐러드

1 당근은 껍질을 벗겨 5cm 길이로 가늘게 채 썰어 소금 1/3작은술을 넣어 10분 정도 냉장고에서 절인다. 10분 후 물기를 꼭 짠다.
2 분량의 재료로 드레싱을 만들어 1의 당근, 건포도와 골고루 섞는다.
3 아몬드와 파슬리는 잘게 다져 준비한다.
4 2를 그릇에 담고 3의 재료를 올린다.

## 카레 치즈 구이+브로콜리 볶음+망고 라씨

카레 라이스는 그냥 먹어도 맛있지만 피자 치즈를 듬뿍 올려 구워 먹으면 더욱 맛있어요. 알록달록 눈으로 한 번 먹고, 입으로 두 번 먹는 브로콜리 볶음, 인도의 전통 음료인 라씨에 망고를 듬뿍 넣어 상큼하게 만든 망고 라씨로 여유로운 휴일을 기분 좋게 시작해 보세요.

### 재료

**카레 치즈 구이**
양파 140g
당근 100g
셀러리 50g
사과 100g
물 5컵
월계수 잎 2장
소고기(엉덩이살) 100g
카레 50g
밥 1공기
반숙 달걀 1개
피자 치즈 3큰술
식용유 적당량

**브로콜리 볶음**
브로콜리 40g
감자 100g
양파 30g
당근 10g
마늘 1쪽
베이컨 2장
식용유 적당량
물 2큰술
소금 1/4작은술
후춧가루 적당량
버터 1큰술

**망고 라씨**
냉동 망고 100g
요거트(플레인) 1/2컵
꿀 1큰술
얼음 5~6개
민트 잎 2~3장

## 카레 치즈 구이

1 식용유를 두른 프라이팬에 채 썬 양파와 당근, 셀러리를 볶는다.
2 사과를 곱게 갈아 둔다.
3 1에 물을 붓고 팔팔 끓기 시작하면 2의 사과와 월계수 잎을 넣는다. 여기에 소고기를 넣어 중불에서 40분 정도 끓인다. 소고기가 부드러워지면 카레를 넣고 잘 풀어 준다.
4 오븐 용기에 밥을 적당량 담고 반숙 달걀을 올리고 피자 치즈를 듬뿍 뿌려 오븐에서 굽는다.

## 브로콜리 볶음

1 브로콜리, 감자, 양파는 먹기 좋은 크기로 자르고 당근은 반달썰기 하고 마늘은 다진다. 베이컨은 3cm 길이로 잘라 준비한다.
2 식용유를 두른 프라이팬에 마늘을 볶다가 감자, 당근, 양파를 넣고 물을 2큰술 넣어 뚜껑을 덮고 중불에서 찐다.
3 2에 베이컨, 소금, 후춧가루를 넣고 볶다가 마지막에 버터를 넣어 마무리한다.

## 망고 라씨

1 모든 재료를 믹서에 담는다.
2 1을 곱게 갈아서 컵에 담아 민트를 올린다.

## 팟타이+양배추 수프+머스터드 포테이토 샐러드

타이의 볶음 쌀국수인 팟타이는 타이의 액젓 종류인 난프라로 간을 하고 타마린도 과육으로 만든 페이스트로 단맛을 더했습니다. 생소한 조미료를 넣은 타이 음식을 먹으면서 특별한 휴일을 맞이해 보세요. 달큰한 양배추 수프와 머스터드 드레싱을 한 포테이토 샐러드도 잘 어울립니다.

### 재료

**팟타이**

쌀국수 50g
달걀 1개
양파 50g
닭가슴살 50g
마늘 1쪽
새우(중하) 5마리
건새우 20g
숙주 100g
부추 5줄기
라임 1/2개
다진 땅콩 1큰술
고수 잎 3~4장

소스
난프라 1큰술
타마린도 1큰술
간장 1큰술
설탕 1작은술

**양배추 수프**

양파 70g
당근 50g
양배추 잎 2장
콘소메(고형) 1조각
물 3컵
소금 1/2작은술
후춧가루 적당량

**머스터드 포테이토 샐러드**

양파 40g
베이컨 1장
감자 200g

드레싱
씨겨자 1/2큰술
식초 1/2큰술
올리브 1/2큰술
간장 1작은술
꿀 1작은술
소금 적당량
후춧가루 적당량

## 팟타이

1 쌀국수는 찬물에 1시간 정도 불린다.
2 분량의 소스 재료를 섞어 둔다.
3 스크램블 에그를 만들어 접시에 덜어 둔다.
4 얇게 슬라이스한 양파를 볶다가 작게 자른 닭가슴살을 넣고 어느 정도 익으면 손질한 새우와 건새우를 넣고 볶는다. 새우가 익으면 숙주와 부추를 넣고 살짝 더 볶다가 3의 계란, 1의 쌀국수를 차례로 넣어 볶는다.
5 쌀국수가 부드러워지면 2의 소스를 부어 볶는다.
6 쌀국수를 그릇에 담아 라임 즙을 골고루 뿌리고 다진 땅콩과 고수를 올려 마무리한다.

## 양배추 수프

1. 양파와 당근은 가늘게 채 썰고, 양배추는 한입 크기로 자른다.
2. 냄비에 물을 붓고 콘소메를 넣어 끓기 시작하면 1의 야채를 넣고 15분~20분 더 끓인다.
3. 소금, 후춧가루로 간을 한 후 불을 끈다.

## 머스터드 포테이토 샐러드

1. 양파는 채 썰어 5분간 찬물에 담가 둔다. 베이컨은 0.5cm 길이로 썰어 중불에서 2~3분 구워 키친 페이퍼에 올려 기름을 뺀다.
2. 감자는 쪄서 포크로 으깬다. 으깬 감자에 1의 재료와 분량의 드레싱 재료를 골고루 섞는다.

PART 4 술 한 잔이 그리운 날

싱글의 일상 가운데 작은 행복 중 하나가 하루 일과를 마치고

혼자 기울이는 술자리가 아닐까요.

매번 먹는 마른 안주에 질린 싱글이라면

일류 이자카야 부럽지 않은 안주를 직접 만들어 보세요.

술 한 잔이 그리운 날

## 명란젓 달걀말이

짭조름한 명란젓을 듬뿍 넣어 도톰하게 말아 낸 달걀말이에 바다 내음 가득한 김 소스를 올린 특별한 안주로 소주나 사케, 혹은 묵직한 흑맥주도 잘 어울리는 메뉴입니다. 명란젓을 다 익히지 않고 반 정도 익히는 것이 포인트입니다.

달걀 3개
명란젓 1개
식용유 적당량

김 소스
구운 김 1장
대파 1/2개
물 1/3컵
간장 1큰술
설탕 1작은술
전분 1작은술

1  달걀은 잘 풀고 명란젓은 속을 긁어낸다.
2  프라이팬에 식용유를 두르고 1의 달걀을 붓고 명란젓을 길게 올려 돌돌 말아 식힌다.
3  구운 김은 손으로 찢고 대파는 어슷하게 썰어 준비한다.
4  냄비에 물을 붓고 3의 재료를 넣고 끓인다.
5  4에 간장과 설탕을 넣고 설탕이 녹으면 물에 푼 전분을 넣고 농도를 맞춘다.
4  2의 달걀을 먹기 좋은 크기로 잘라 그릇에 담고 5의 김 소스를 올린다.

# 해물 파전

겉은 바삭하고 속은 부드러운 해물 파전입니다. 막걸리와 찰떡궁합을 자랑하는 해물 파전은 양념장이 생명인데요. 어느 음식에나 잘 어울리는 만능 양념장에 콕 찍어 드셔 보세요. 취향대로 굴이나 새우를 넣어 고급스러운 해물 파전을 만들어 보는 것도 좋습니다.

물오징어 1/2마리
조갯살 50g
당근 30g
양파 40g
쪽파 5대
부추 5줄기
밀가루 1컵
물 1컵
소금 2작은술
식용유 적당량

**양념장**
마늘 1쪽
대파 1/3대
간장 4큰술
고춧가루 1작은술
설탕 1작은술
참기름 1큰술
식초 4큰술
참깨 1큰술

1. 물오징어는 내장을 깨끗하게 제거하고 먹기 좋은 크기로 잘라 준비한다.
2. 조갯살은 소금을 푼 물에 가볍게 씻어 물기를 뺀다.
3. 당근, 양파는 채 썰고 쪽파와 부추는 5cm 길이로 잘라 준비한다.
4. 큼지막한 볼에 분량의 밀가루와 물, 소금을 넣고 덩어리지지 않게 섞은 후에 1~3의 재료를 넣어 반죽을 만든다.
5. 프라이팬에 식용유를 두르고 4의 반죽을 올려 앞뒤로 노릇하게 굽는다.
6. 마늘과 대파는 다진다. 이를 나머지 양념장 재료와 섞어 양념장을 만들어 파전과 함께 낸다.

술 한 잔이 그리운 날

## 소고기 타다키 샐러드

혼자 술 한 잔을 기울일 때 가끔은 럭셔리한 안주가 필요합니다. 고급스러운 안주를 원한다면 소고기 타다키 샐러드가 제격입니다. 안주 덕분에 분위기가 더욱 좋아질 거예요. 타다키용으로 구입한 소고기는 로스로 구워 먹어도 맛있습니다.

무 70g
소고기 200g
무순(샐러드용) 30g
양파 40g
양하 10g
깻잎 2장
상추 1장
식용유 적당량

드레싱
폰즈 1/3컵
간 생강 1작은술
간 마늘 1작은술
참기름 1큰술

1 무는 껍질을 두껍게 벗긴 후, 강판에 갈아 2큰술 정도 따로 덜어 놓는다.
2 달군 프라이팬에 식용유를 1큰술 정도 두르고 소고기를 앞뒤로 4~5분 굽는다.
3 구운 고기를 1에 담가 냉장고에서 30분 이상 숙성시킨다.
4 무순은 밑둥을 자르고, 양파, 양하, 깻잎은 가늘게 채 썬다.
5 분량의 재료로 드레싱을 만든다.
6 접시에 상추를 깔고 4의 재료를 올린 후에 3의 고기를 얇게 썰어 보기 좋게 담는다.
7 5의 드레싱을 뿌린 후에 1의 간 무 2큰술을 올려 마무리한다.

## 고추잡채

준비한 재료를 가늘게 썰어 길쭉길쭉 재료들 모양도 예쁜 고추잡채를 만들어 보세요. 아삭한 피망과 죽순, 씹는 맛 좋은 소고기가 들어간 이 잡채는 매콤하고 짭조름해 술을 부르는 안주입니다. 도수가 센 소주나 청주, 중국술에도 어울리고 맥주에도 그만입니다.

소고기(잡채용) 50g
피망 2개
파프리카(빨강) 40g
파프리카(노랑) 40g
죽순 40g
고추기름 2큰술
다진 마늘 1작은술
다진 생강 1작은술
우스터 소스 1큰술
간장 1작은술
설탕 1작은술
꽃빵 2개

**소고기 밑간**
간장 1작은술
후춧가루 적당량
생강 즙 1작은술
전분 1큰술

1 가늘게 채 썬 소고기에 분량의 재료로 밑간을 한 후 가볍게 전분을 입힌다.
2 피망과 파프리카, 죽순은 일정한 길이로 가늘게 채 썬다.
3 프라이팬에 고추기름을 두르고 다진 마늘, 생강을 넣고 타지 않게 볶는다.
4 매운 향이 돌기 시작하면 1의 소고기를 볶다가 2를 넣는다.
5 4에 우스터 소스와 간장, 설탕을 넣고 더 볶다가 접시에 덜어 낸다.
6 따뜻하게 데운 꽃빵을 5의 접시에 올린다.

# 골뱅이 무침

술자리의 최고 인기 메뉴는 누가 뭐라해도 골뱅이 무침이 아닐까요. 새콤달콤 쫄깃쫄깃한 골뱅이 무침은 여성 애주가에게도 사랑받는 안주입니다. 매콤하게 양념해 제대로 만들어 보세요. 집에 갑자기 술친구가 찾아와도 근사하게 한 상 차려낼 수 있답니다.

진미채 30g
골뱅이 1캔
오이 40g
양파 30g
소면 2인분

**양념장**
마늘 1쪽
고춧가루 1/2큰술
고추장 1/2큰술
설탕 1/2큰술
식초 1큰술
참기름 1/2작은술
후춧가루 1/2작은술
참깨 1/2큰술

1. 진미채는 물에 5분 정도 불린 후 먹기 좋은 크기로 썬다.
2. 골뱅이는 물로 가볍게 헹궈 먹기 좋은 크기로 썬다.
3. 오이는 반으로 잘라 어슷하게 썬다.
4. 양파는 얇게 채 썬다.
5. 분량의 양념장 재료를 모두 섞어 양념장을 만든다.
6. 소면은 삶아서 찬물에 헹구어 물기를 뺀 후, 둥글게 말아 준비한다.
7. 모든 재료를 담아 골고루 버무려 삶은 소면과 함께 큰 볼에 담는다.

## 크림치즈 플레이트

와인이 생각나는 날은 하나씩 집어 먹을 수 있는 핑거 푸드가 제격입니다. 와인에 어울리는 크림치즈를 3가지 맛으로 즐길 수 있는 간단한 안주인데 조금 출출하다면 와인 맛을 저해하지 않을 정도의 심플한 과자나 살짝 구운 바게트를 곁들여도 좋습니다.

크림치즈 100g
호두 2~3알
건포도 1큰술
럼주 1큰술
생햄 2장
메이플 시럽 1큰술
올리브유 1큰술
통후추 적당량

1 준비한 크림치즈는 세 덩어리로(30g 2개, 40g 1개) 나눈다.
2 럼주에 10분 정도 재워 둔 건포도와 잘게 다진 호두는 1의 30g 분량 2개의 크림치즈에 각각 섞는다.
3 40g의 크림치즈는 20g씩 이 등분해서 둥글게 빚은 후에 반으로 자른 생햄을 크림치즈에 감싼다.
3 둥글게 말은 크림 치즈는 접시에 담아 호두 크림치즈는 메이플 시럽을 곁들이고 생햄 크림치즈는 올리브유과 통후추 뿌려 내간다.

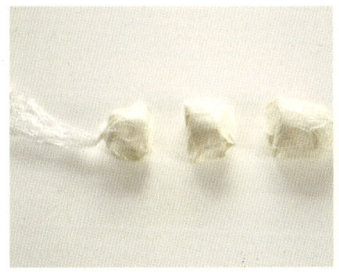

# 훈제 연어 카나페

짭조름한 훈제 연어와 아보카도는 궁합이 잘 맞아요. 바삭하게 구운 바게트 위에 연어와 부드럽게 으깬 아보카도를 보기 좋게 올린 캐주얼한 안주로 집은 물론 야외 피크닉에도 잘 어울립니다. 치즈를 좋아한다면 치즈를 올려도 맛있어요.

바게트 1/2개
양파 40g
아보카도 1개
레몬 즙 1큰술
소금 1/2작은술
훈제 연어 10조각
치즈 3큰술
취향의 허브 적당량
통후추 적당량

1  바게트는 얇게 썰어 노릇하게 굽는다.
2  양파는 얇게 슬라이스해서 찬물에 담가 두었다가 물기를 뺀다.
3  아보카도는 속을 파내어 레몬 즙과 소금을 섞어 부드럽게 뭉갠다.
4  1의 바게트에 3의 아보카도를 바른 후에 훈제 연어와 치즈를 보기 좋게 올린다.
5  4에 2의 양파와 허브를 올리고 통후추를 뿌려 마무리한다.

## 파인애플 로스트 햄

도톰한 햄과 달콤한 파인애플을 살짝 구워 풍미와 맛을 살린 안주입니다. 새콤한 발사믹 식초에 톡톡 터지는 식감이 좋은 씨겨자를 넣고 만든 발사믹 소스는 자칫 밋밋하게 느껴질 수 있는 햄을 돋보이게 해 줍니다.

햄(1cm 두께) 1장
파인애플 1조각
발사믹 식초 1큰술
씨겨자 1작은술
통후추 적당량
식용유 적당량

1 달군 프라이팬에 식용유를 두르고 햄과 파인애플을 노릇하게 구워 접시에 옮긴다.
2 프라이팬에 발사믹 식초와 씨겨자를 넣고 살짝 조린 후 1에 골고루 뿌리고 통후추를 올려 마무리한다.

## 두부 떡 김치

학생 때 늘 다니던 주점에서 가장 좋아했던 안주가 두부 떡 김치였어요. 제 스타일로 재탄생한 이 안주는 일반 두부가 아닌 좀 더 부드러운 연두부를 사용해서 만들었습니다. 고추장과 참기름으로 풍미를 더한 김치와 쫄깃한 떡을 더해 훌륭한 안주로 변신했어요.

양파 40g
떡(떡국용) 200g
식용유 적당량
돼지고기 100g
배추김치 120g
김치 국물 3큰술
소금 1큰술
연두부 1/2모
참깨 적당량

**양념장**
고추장 2/3큰술
설탕 1/3큰술
참기름 1큰술

1 양파는 채 썬다.
2 떡은 뜨거운 물에 2~3분 살짝 데친다.
3 식용유를 살짝 두른 프라이팬에 돼지고기, 양파, 김치와 김치 국물, 데친 떡 순서로 볶는다.
4 분량의 재료로 만든 양념장을 3에 넣고 볶는다.
5 소금을 1큰술 넣은 냄비에 연두부를 약불에서 데우고 먹기 좋은 크기로 썬다.
6 4의 김치 볶음과 5의 연두부를 그릇에 보기 좋게 담고 참깨를 뿌린다.

PART 5 달달함에 촉촉이 젖고 싶은 날

단 음식이 스트레스 해소에 도움이 된다, 안 된다 의견이 분분하지만 기분이 살짝 우울하거나 스트레스를 받은 날이면 달달한 디저트가 어김없이 생각납니다. 스트레스를 단번에 해소할 다양한 디저트를 소개합니다.

달달함에 촉촉이 젖고 싶은 날

# 프렌치토스트

간단하면서도 쉽게 구할 수 있는 재료로 누구나 만들 수 있는 프렌치토스트는 아침 식사나 브런치로도 좋은 메뉴입니다. 취향에 따라 바나나, 딸기 등 다양한 과일을 올려도 좋고, 견과류나 잼, 시럽 등을 곁들여도 좋아요.

달걀 1개
우유 1/3컵
생크림 2큰술
소금 적당량
딸기 3개
블루베리 10개
바게트 2조각
버터 1작은술
메이플 시럽 1~2큰술
휘핑크림 약간

1 분량의 달걀, 우유, 생크림, 소금을 골고루 섞는다.
2 꼭지를 뗀 딸기는 먹기 좋은 크기로 준비하고 블루베리는 씻어 물기를 빼 둔다.
3 1에 바게트를 앞뒤로 충분히 적신 후에 식용유를 두른 프라이팬에 약불로 노릇하게 굽는다. 마지막에 버터를 넣고 녹여 바게트에 골고루 묻힌다.
4 접시에 3의 바게트와 2의 과일을 보기 좋게 올린다.
5 취향에 따라 메이플 시럽이나 휘핑크림을 곁들인다.

달달함에 촉촉이 젖고 싶은 날

# 애플 시나몬 피자

예쁘게 사과를 올린 바삭한 애플 시나몬 피자는 브런치 메뉴로 정말 좋아요. 사과와 가장 잘 어울리는 시나몬을 솔솔 뿌려 더욱 매력적인 애플 시나몬 피자. 뜨끈뜨끈한 피자에 차가운 바닐라 아이스크림을 중간에 올려 아름다움을 더한 디저트 피자입니다.

사과 50g
피자 시트(크리스피) 1장
사과 잼 2큰술
시나몬 2작은술
설탕 2작은술
아이스크림(바닐라) 1스쿱

1 사과는 얇게 썰어 설탕물에 5분 정도 담가 갈변 현상을 막는다.
2 피자 시트는 포크로 찔러 구멍을 뚫은 후에 사과 잼을 충분히 바른다.
3 2에 1의 사과를 동그랗게 돌려서 올리고 오븐에서 5분 정도 굽는다.
4 3에 시나몬과 설탕을 섞은 시나몬 슈거를 골고루 뿌리고 바닐라 아이스크림을 올린다.

달달함에 촉촉이 젖고 싶은 날

# 단호박 죽

요즘은 늙은 호박을 구하기가 하늘의 별따기라 호박죽이 먹고 싶을 때는 가격도 저렴하고 양도 적당한 단호박을 사용해요. 늙은 호박도 맛있지만 단호박도 굉장히 깊은 단맛이 나기 때문에 굳이 설탕을 넣을 필요도 없어요.

단호박 200g
물 2컵
찹쌀가루 1/2컵
소금 적당량
당조림 팥 2큰술
뜨거운 물 1/3컵

1　단호박은 껍질을 벗겨 작게 자른다.
2　냄비에 물 2컵과 1의 단호박을 넣고 중약불에서 끓인다.
3　찹쌀가루에 소금을 적당량 넣고 뜨거운 물을 조금씩 부으며 익반죽한다. 먹기 좋은 크기로 경단을 만든다.
4　2의 단호박을 부드럽게 뭉갠 후, 소금 1/2작은술과 당조림 팥을 넣어 골고루 섞는다.
5　4에 3의 찹쌀 경단을 넣고 약불에서 천천히 저어 가며 끓인다.
6　찹쌀 경단이 쫄깃하게 익으면 불을 끄고 그릇에 담는다.

달달함에 촉촉이 젖고 싶은 날

# 그린티 파르페

아무것도 가미하지 않아도 맛있는 그린티 아이스크림에 단팥을 넣어 보세요. 여기에 쫄깃한 찹쌀 경단을 올리고 고소한 미숫가루까지 더하면 보기에도 좋고, 맛도 좋은 그린티 파르페가 완성됩니다. 그릇에 순서대로 예쁘게 담기만 하면 훌륭한 카페 메뉴 부럽지 않아요.

시리얼 적당량
생크림 2큰술
그린티 아이스크림 1스쿱
당조림 팥 1큰술
미숫가루 적당량

**찹쌀 경단**
찹쌀가루 1큰술
따뜻한 물 2큰술
소금 적당량
설탕 적당량

1  분량의 재료를 섞어 찹쌀 경단 반죽을 만든다. 반죽을 골고루 주물러 먹기 좋은 크기로 빚는다.

2  1을 뜨거운 물에서 3~4분 익혀 물 위로 동동 떠오르면 건져내 찬물에 바로 담가 식힌다.

3  투명한 컵에 시리얼, 생크림, 그린티 아이스크림 순으로 담고 당조림 팥, 찹쌀 경단, 미숫가루를 적당량 올린다.

달달함에 촉촉이 젖고 싶은 날

# 딸기 찹쌀떡

요리에 서툰 싱글족도 찹쌀떡을 만들 수 있습니다. 집에 손님이 왔을 때 대접해 보세요. 간단하고 모양도 예쁜 딸기 찹쌀떡은 언제나 인기 만점! 딸기 대신 바나나도 단팥과 잘 어울립니다. 당조림한 밤이나 호두를 올려도 독특하면서도 예쁜 찹쌀떡이 만들어집니다.

찹쌀가루 1큰술
물 1/4컵
설탕 1큰술
박력분 3큰술
팥 앙금 1,000g
딸기 4개
식용유 적당량

1  찹쌀가루에 물을 조금씩 부어 가면서 덩어리 없이 잘 풀어 준다.

2  1에 설탕, 박력분순으로 재료를 섞어 반죽하고 고운 체에 거른 후, 랩을 씌워 실온에서 30분 정도 숙성시킨다.

3  팥 앙금은 사 등분하고 딸기는 꼭지를 떼어 준비한다.

4  프라이팬에 식용유를 적당량 두르고, 2의 반죽을 2큰술씩 떠서 얇게 편 후, 중약불에서 앞뒤로 부친다.

5  4가 서로 붙지 않게 쿠킹 페이퍼 위에 겹치지 않게 올려 식힌다.

6  3의 팥 앙금을 납작하게 펼쳐 딸기를 올려 뭉친다. 이를 5의 반죽 위에 올려 지그시 힘을 주어 감싸서 마무리한다.

# 바나나 티라미수

일반적인 티라미수가 지겨운 싱글이라면 바나나로 포인트를 준 바나나 티라미수는 어떨까요. 진한 커피, 부드러운 마스카르포네 치즈, 바나나는 꽤나 잘 어울립니다. 바나나 대신 딸기나 부드러운 복숭아, 망고로도 도전해 보세요.

스폰지 케이크(시판용) 적당량
에스프레소 1/3컵
바나나 1개

크림
마스카르포네 치즈 125g
달걀 1개
럼주 1/8컵
설탕 30g
생크림 3/4컵
코코아 파우더 적당량

1. 스폰지 케이크는 1cm 두께로 그릇 모양에 맞추어 동그랗게 자른다.
2. 볼에 마스카르포네 치즈와 달걀 노른자, 럼주, 설탕을 넣고 골고루 섞는다.
3. 생크림은 조금 묽은 상태인 70~80% 정도만 휘핑하여 2에 넣고 천천히 골고루 섞는다.
4. 그릇에 1의 스폰지 케이크를 깔고 에스프레소 커피에 케이크가 푹 젖을 정도로 골고루 바른 후, 3의 크림 절반을 붓고 평평하게 만든다. 이 위에 얇게 썬 바나나를 올린다.
5. 4 위에 3의 생크림 절반을 붓고 다시 평평하게 다듬은 후에 코코아 파우더를 체에 걸러 크림이 보이지 않을 정도로 올린다.

달달함에 촉촉이 젖고 싶은 날

# 흑임자 푸딩

몸에 좋은 흑임자와 콩가루에 흑설탕을 넣어 흑임자 푸딩을 만들어 보세요. 이렇게 몸에 좋은 재료만으로 손이 자주 가는 디저트가 완성됩니다. 노화 방지와 각종 질환 예방에 좋은 흑임자를 온전히 느낄 수 있는 건강한 디저트로 오늘 하루도 파이팅하세요.

젤라틴 가루 5g
물 2큰술
흑임자 페이스트 3큰술
우유 1 1/2컵
설탕 1큰술
흑임자 가루 1큰술
흑설탕 시럽 1큰술
미숫가루 1작은술

1 젤라틴 가루는 물에 불린다.
2 냄비에 흑임자 페이스트와 우유, 설탕을 넣고 나무 주걱으로 골고루 섞어 가며 중불에서 끓인다.
3 설탕이 모두 녹으면 불을 끄고 1의 젤라틴을 넣고 나무 주걱으로 저어 가면서 녹인다.
4 3을 체에 걸러 볼에 담은 후에 얼음물에 받쳐 저어 가면서 식힌다.
5 4가 굳기 직전까지 식으면 용기에 담아 냉장고에서 3~4시간 굳힌다.
6 물 3큰술, 흑설탕 3큰술을 설탕이 녹을 때까지 저어 가며 끓여 흑설탕 시럽을 만든다.
7 5를 숟가락으로 떠서 작은 그릇에 담아 6의 흑설탕 시럽과 미숫가루를 올려 마무리한다.